# MOLIÈRE

## NOUVELLES CONTROVERSES SUR SA VIE ET SA FAMILLE

## AUTRES OUVRAGES DE L'AUTEUR

**Les crimes et les peines dans l'antiquité et dans les temps modernes.** — Hachette.

**Les résidences royales de la Loire.** — Dentu.

**Problèmes historiques.** — Hachette.

**Trois énigmes historiques.** — Plon.

**Ravaillac et ses complices.** — Didier.

**La doctrine secrète des Templiers.** — Durand et Pédone-Lauriel. — Orléans, H. Herluison.

**L'expédition du duc de Guise à Naples.** — Didier.

**Les points obscurs de la vie de Molière.** — Liseux.

IMP. GEORGES JACOB, — ORLÉANS.

# MOLIÈRE

NOUVELLES CONTROVERSES

## SUR SA VIE ET SA FAMILLE

Par M. Jules LOISELEUR

Auteur de « *Les points obscurs de la vie de Molière* »

Fanatiques et détracteurs.
La belle-mère de Molière. — Infortunes conjugales.
L'affaire Guichard. — L'histoire de la Guérin.
La vérité sur Mme Molière.
Les restes mortels de Molière. — Ses autographes.
L'excommunication des comédiens.
L'énigme d'Alceste. — Proposition de créer
un Musée-Molière.

ORLÉANS

H. HERLUISON, LIBRAIRE-ÉDITEUR

17, RUE JEANNE-D'ARC, 17

—

1886

# UN MOT AU LECTEUR

Cet opuscule ne s'adresse qu'à un petit nombre d'amis et de lettrés qui ont le culte de Molière ; aussi n'a-t-il été tiré qu'à cent cinquante exemplaires.

J'y ai réuni quelques articles auxquels le journal le *Temps* a prêté récemment sa large publicité, et que ses lecteurs ont accueillis avec l'indulgence qu'ils veulent bien d'ordinaire accorder à mes études historiques.

Celui qui traite des autographes de Molière a eu l'heureuse fortune que je lui souhaitais : il y a maintenant une commission où l'on compte des érudits et des paléographes distingués, et qui doit, comme je l'avais demandé, soumettre à un examen sérieux les rares autographes attribués au grand comique, et comparer en même temps les signatures souvent dissemblables par lui apposées au bas de plusieurs actes dressés par des notaires ou des officiers de l'état civil.

Je serais heureux qu'un succès pareil fût réservé

à la proposition qu'on lira dans mes deux dernières pages, celle de créer à Paris un Musée-Molière permanent.

Mon opinion touchant l'excommunication des comédiens a soulevé une controverse que je reproduis, et qui, au sentiment d'excellents juges, peut désormais être tenue pour terminée.

Enfin, j'ai discuté à nouveau dans ces articles deux questions sur lesquelles on n'est pas près de s'accorder : l'origine et la conduite de la femme à laquelle Molière eut la malheureuse inspiration d'unir sa destinée. Je me suis vu conduit et comme contraint à y revenir par le retentissement de deux études récentes, où elles sont traitées avec talent et où mon opinion à leur endroit est prise à parti par des raisons à mon avis peu solides, et qu'il m'a semblé utile d'examiner.

Je n'ai voulu dire ici un mot de ces problèmes que pour repousser de suite un reproche qui me semble à la fois déplacé et mal fondé. Il y aurait irrévérence, au sentiment de certains fanatiques, à scruter des faits de vie intime où l'honneur du poète serait engagé. Je me permets de ne pas prendre cette accusation au sérieux. Si ces étroits et intolérants admirateurs de Molière, après avoir interdit de rien critiquer dans son œuvre, imaginent d'étendre cette prohibition jusqu'à sa vie et à celle de sa femme, c'est là une façon si étrange de comprendre l'histoire littéraire qu'on a bien le droit d'en sourire. La superstition n'a rien de commun avec la vraie religion : elle est même sa pire ennemie.

Le véritable motif pour lequel il sera bon désormais de s'abstenir de sonder ces matières, c'est qu'on a dit à leur sujet tout ce qu'il y a d'essentiel dans l'un et l'autre sens, et que le public les connaît assez maintenant pour se croire dispensé d'y prêter encore attention.

18 mars 1886.

# MOLIÈRE

## NOUVELLES CONTROVERSES SUR SA VIE ET SA FAMILLE

## I

### Fanatiques et détracteurs de Molière.

Je ne suis pas de ceux pour qui Molière est en dehors et au-dessus de toute discussion et qui refusent à la critique le droit de penser sur son compte comme elle le veut et de le dire comme elle le pense. Il est bon, à mon avis, de discuter et de peser tous les écrivains, même les plus illustres, tous les chefs-d'œuvre, même les plus généralement admirés, que les écrivains s'appellent Molière ou Victor Hugo, les chefs-d'œuvre *Tartuffe* ou la *Légende des Siècles*. Et, en disant cela, je ne crois pas du tout faire bande à part dans l'armée sans cesse grandissante des moliéristes : je suppose même qu'au fond le plus grand nombre, parmi ceux qui s'honorent de ce nom, parmi ceux qui prennent part à ce culte dont M. Georges Monval rédige les Annales mensuelles, sont de mon avis.

Je ne saurais donc être fâché que quelqu'un ait versé un peu d'eau froide sur un enthousiasme trop fervent. Je l'approuve d'avoir dit, en fort bons termes, que le culte ne doit pas aller jusqu'à la superstition, ni l'admiration jusqu'à l'intolérance, et que c'est mal servir la cause d'un grand écrivain que de lui sacrifier tous ceux qui, l'ayant sincèrement admiré, ne l'ont pas admiré sans mesure, tous ceux qui ont été grands aussi, mais dans un autre genre et d'une autre manière. Les enthousiasmes exclusifs et peu judicieux ont un grand inconvénient : ils provoquent la mauvaise humeur. Les esprits délicats et pondérés se sentent pris à la longue d'un certain agacement nerveux. C'était, il y a trois ans, le fait de M. Ed. Scherer : c'est le fait aujourd'hui de Ferdinand Brunetière (1). Le paysan athénien s'impatientait des éloges prodigués à Aristide : jugez un peu de ce que devaient éprouver les lettres !

Mais ces admirateurs exaltés et intolérants qui sacrifient à Molière tous ses rivaux de gloire ne sont, après tout, qu'une exception, et doit-on faire peser sur tous les moliéristes la responsabilité des exagérations et des erreurs de quelques-uns ? Tout

(1) *Revue des Deux-Mondes* du 1er décembre 1884.

parti a ses tirailleurs et ses enfants perdus qui le servent moins qu'ils ne le compromettent. Ceux qui pensent sainement en matière littéraire sont éclectiques et savent concilier toutes les admirations.

Je ne connais pas d'ailleurs d'étalon qui permette de mesurer les grands génies et de comparer leurs tailles. Tout esprit cultivé se décide en pareil cas selon son éducation littéraire, ses goûts, son tempérament. Il donnera le premier rang à Corneille s'il met au-dessus de tous les autres mérites la mâle fierté du langage, l'héroïsme, la grandeur et le sublime, même quand il est un peu voisin de l'emphase; à Racine s'il préfère l'élégance, la passion touchante, la délicatesse un peu raffinée, la molle langueur des sentiments exprimés dans la langue la plus parfaite. Celui-là accordera la palme à Molière, qui, dans un poète, cherche surtout le côté éternel, la peinture de l'homme et du cœur humain de tous les temps, celui qui prise le naturel, la franchise, la vérité, la raison, le bon sens assaisonné de gaieté saine, et même la gauloiserie. Disons-le à la décharge des moliéristes trop exclusifs, si Molière a plus d'admirateurs que ses deux grands rivaux dramatiques, il le doit justement aux qualités que je signale ici. C'est par ces mérites indéniables qu'il est permis de voir en lui l'expression la plus exacte, l'incarnation de l'esprit français. En l'adorant, en l'exaltant, en le surfaisant même quelque peu, l'esprit français s'admire lui-même ; c'est là un travers peut-être, mais n'espérez pas qu'il s'en corrige. Après tout, placer Molière au-dessus des plus illustres poètes ses contemporains, c'est être de l'avis de Boileau, et, cet avis, on sait que Louis XIV s'y rangea.

Ces idées, je crois pouvoir en répondre, ne sont pas bien éloignées de celles que professe l'auteur de l'article auquel je fais ici allusion et dont, à mon sens, les moliéristes se sont un peu trop émus. Il est, au fond, tout aussi moliériste qu'eux-mêmes, beaucoup plus même qu'il ne le croit ou qu'il ne lui plaît d'en convenir : il l'a prouvé en d'excellentes pages de ses *Études critiques sur la littérature française*. Qu'il faille mettre l'intelligence des œuvres du grand poète comique, les questions que soulèvent certaines de ses créations telles que *Tartuffe*, à la fois si profondes et si complexes que la critique la plus pénétrante n'est point encore parvenue à s'accorder à leur endroit, qu'il faille mettre de telles questions fort au-dessus de celles qui se rattachent à l'histoire de sa vie, c'est un point qu'il est juste de concéder.

Reconnaissons toutefois que l'histoire du poète est intimement liée à celle de ses ouvrages et que pour bien comprendre ces derniers, il n'est pas mal d'en éclairer l'étude par la connaissance des circonstances où ils se sont produits ou qui les ont inspirés.

Veut-on apprécier à sa juste valeur cette jolie

scène du *Bourgeois gentilhomme* (la neuvième du troisième acte) où Cléante, après avoir stigmatisé les torts et les défauts de Lucile, prend tout à coup sa défense en entendant Covielle abonder dans son sens, croit-on qu'il soit indifférent de connaître la brouille qui existait alors entre Molière et sa femme et les discussions du poète avec son ami Chapelle, qui s'appliquait à envenimer la plaie, en dénigrant celle que le mari irrité, mais toujours épris, se sentait malgré lui conduit à défendre ?

Faut-il un autre exemple ? Qui n'a présente à l'esprit cette merveilleuse exposition du *Tartuffe*, où M^me^ Pernelle passe en revue les membres de la famille d'Orgon, les daube tous d'importance et, venant à sa bru, lui reproche son goût pour le luxe et la toilette :

> Vous êtes dépensière, et cet état me blesse
> Que vous alliez vêtue ainsi qu'une princesse.

Certes, tout ce couplet se comprend de lui-même, et, pour en saisir l'esprit, pas n'est besoin de pénétrer dans la vie intime de celui qui l'a écrit. Mais n'a-t-il pas un prix particulier pour quiconque connaît les querelles qu'il faisait alors à sa femme au sujet de ses prodigalités, de ses folles dépenses, de son gaspillage ? On raconte qu'à la répétition générale, la voyant paraître, parée en effet comme une princesse pour jouer le rôle d'Elmire, il lui dit sévèrement : « Oubliez-vous donc que vous faites le personnage d'une honnête femme ? »

Et cette longue lutte que Molière soutint contre la médecine et les médecins de son temps, ces satires qui ne furent pas toujours à son honneur, espère-t-on en pénétrer l'esprit, en saisir la justesse et l'excuse si l'on n'est familier avec les systèmes et les procédés des empiriques de son époque, avec tous les ridicules qu'ils fournissaient à sa verve comique, si l'on ignore enfin sa liaison avec trois célèbres médecins, qui durent l'aider de leurs renseignements, Liénard, Bernier et Mauvillain ? On veut que la cérémonie qui termine le *Malade imaginaire* soit la copie réduite d'une cérémonie pareille, œuvre de quelques beaux esprits qui s'amusèrent chez Mme de la Sablière à la composer en commun. M. Frédéric Hillemacher vient de publier, chez Lemerre, la cinquième édition de l'ouvrage original que Molière se borna à condenser et à approprier à l'optique du théâtre. Mais tenez pour sûr que parmi ces beaux esprits il se trouvait des médecins : certaines expressions techniques, l'exactitude des détails qui prouve une connaissance intime des usages de la Faculté, trahissent, à n'en pas douter, la collaboration ou tout au moins les conseils de gens de profession. Le serment du récipiendaire n'est qu'une copie légèrement parodiée de celui que la Faculté imposait à ses candidats (1). Quelque chose d'analogue s'est passé pour les comptes de M. Fleurant que vérifie le bonhomme Argan : ils ont leur explication dans un véritable compte d'apothicaire contemporain, compte que le *Moliériste* a publié : les *Parties de M. Parra de Montredon.*

Une dernière observation achèvera de mettre en relief la vérité que j'essaye de démontrer.

Les lettrés n'ont certainement pas perdu le souvenir d'une étude sur Molière publiée dans le numéro du journal *le Temps* du 19 mars 1882, et dont celle qui m'occupe en ce moment nous rend par endroits comme un écho affaibli. Plus d'un moliériste se sentit atteint dans ses croyances les plus chères à la lecture de cet article qui fit l'effet d'un coup de canon tiré dans un temple. L'auteur, M. Edmond Scherer, fut traité en iconoclaste. Je n'ai point à discuter ici les appréciations d'un critique si éminent, lesquelles ne tendent à rien de moins qu'à voir en Molière un poète extrêmement négligé, qui cheville horriblement, dont le style est inorganique, monotone, traînant, inférieur de tous points à celui de Racine. Après tout, malgré ses airs de paradoxe, cette opinion n'était ni aussi nouvelle ni aussi surprenante qu'elle le parut à bien des gens. Elle se rapprochait beaucoup de celle de Fénelon,

(1) On peut consulter sur ce point la savante étude de M. Maurice Reynaud, *Les Médecins au temps de Molière.*

lequel a dit de Molière, qu'en pensant bien il écrit souvent mal et que ses métaphores approchent du galimatias ; beaucoup aussi de celle de La Bruyère, qui, tout en louant chaudement Molière, ajoute « qu'il ne lui a manqué que d'éviter le jargon et d'écrire purement ». Et M. Brunetière a cité à l'appui de cette opinion tels vers du *Misanthrope* qui frisent en effet le jargon :

> Le poids de sa grimace où brille l'artifice
> Renverse le bon droit et tourne la justice.
> (Acte V, sc. I.)

Vauvenargues est plus rigoureux encore : « Il y a peu de poètes, dit-il, moins corrects et moins purs que lui. »

Ceux qui se scandalisèrent si fort auraient pu se borner à répondre en opposant Victor Hugo à Fénelon, à La Bruyère, à Vauvenargues et à M. Scherer. C'est Victor Hugo, en effet, qui, jugeant Molière bien plus vrai que nos tragiques, parce que la comédie est bien plus près de la nature que la tragédie, n'hésite pas à repousser toutes les critiques amassées sur son style, qu'il déclare admirable : « Chez lui, le vers embrasse l'idée, s'y incorpore étroitement, la resserre et la développe tout à la fois, lui prête une figure plus svelte, plus stricte, plus complète, et nous la donne, en quelque sorte, en élixir. »

Mais, encore une fois, je n'entends point prendre

parti dans un si gros différend; je me borne à une seule observation. M. Scherer, examinant la conception du *Misanthrope*, où il voit des vices profonds, juge le caractère d'Alceste inconséquent, ambigu, insaisissable, inintelligible. Eh bien! si ce caractère est une énigme, ce que, pour mon humble part, je ne saurais admettre (1), il n'est pas mal, pour voir clair dans ces ténèbres, d'étudier d'abord le caractère même de Molière et la situation morale où il se trouvait quand il conçut son personnage. Alceste n'est si difficile à saisir que parce que, sans cesse partagé entre des sentiments contraires, il cède à de prompts revirements, ce qui est le propre des cœurs honnêtes et fortement épris, entraînés à regret par une passion dont ils sentent l'indignité. L'inconséquence n'est-elle pas le propre de la passion? Certes, Alceste, comme Tartuffe, est un type impersonnel : il n'est pas plus Molière que Célimène n'est Armande Béjart. Et cependant se peut-il que le malheureux poète n'ait pas fait un retour sur sa propre situation quand il traçait le portrait de cette jeune coquette au cœur sec, à l'esprit frivole et avide de tous les hommages dont Alceste aperçoit si bien les défauts, et qu'il ne peut s'empêcher d'aimer néanmoins, par un faible dont il est le premier à rougir?

Ici donc encore la connaissance de la vie du poète

(1) Voir plus loin le chapitre intitulé : *L'Énigme d'Alceste*.

est d'un grand secours pour l'intelligence de son drame.

En voilà assez, je pense, pour expliquer les travaux que les moliéristes continuent d'accomplir sur l'existence et l'œuvre de leur dieu, pour justifier leur persistance à fouiller une mine qui, bien qu'exploitée déjà dans presque tous les sens, garde encore pourtant quelques filons inexplorés. Qu'importe que le résultat de ces recherches soit parfois assez mince? N'est-ce pas Sainte-Beuve qui a écrit qu'on se lasse de tout en France, excepté d'entendre parler de Molière? Et il ajoutait : « C'est, à mon sens, un bienfait public que de faire aimer Molière à plus de gens. » Gœthe a écrit quelque chose d'analogue, lui qui, chaque année, et toujours avec un étonnement nouveau, relisait les principales créations du grand comique français, qu'il appelle un homme unique. Gœthe et Sainte-Beuve! Voilà des autorités qu'il n'est pas aussi facile d'ébranler que celles d'Édouard Fournier et de Paul Lacroix.

J'ose donc espérer que les amis de Molière ne me sauront pas mauvais gré de continuer une tâche que j'ai déjà remplie plusieurs fois dans le journal *le Temps* (1), en les entretenant des découvertes les

(1) *Les restes mortels de Molière et de La Fontaine;* nos des 5 et 13 décembre 1877 ; *Molière en province,* nos des 9 et 12 août 1880. Toutes les études contenues dans le présent opuscule ont également paru dans *le Temps,* les neuf premiers

plus récentes relatives à la vie du grand poète comique, en leur soumettant les observations qu'elles réclament, les contradictions qu'elles peuvent soulever.

chapitres en octobre et novembre 1885 et le dixième le 7 janvier 1886. C'est le même journal enfin qui avait eu la primeur d'un livre auquel les gens compétents ont bien voulu accorder quelque valeur : *Les points obscurs de la vie de Molière.*

# II

## La belle-mère de Molière.

Il y a, dans la vie de Molière, deux problèmes qu'on pourra discuter tant qu'on voudra sans parvenir jamais à faire taire toutes les objections, quelle que soit la solution à laquelle on s'arrête : le premier est l'origine de celle qu'il épousa le 29 février 1662, le second celui des dérèglements imputés à cette jeune femme. L'un touche à la délicatesse, l'autre à la dignité du poète, et tous les deux à son honneur.

Il n'est pas douteux, bien qu'Édouard Fournier ait affirmé le contraire, qu'à l'époque où se place la naissance de Claire - Armande - Grésinde - Élisabeth Béjart, c'est-à-dire en 1643, Molière ne fût déjà en liaison réglée avec la famille de cette enfant et en particulier avec la fille aînée, Madeleine Béjart.

« Que l'on y prenne garde, écrit à ce sujet M. Vitu en tête d'un volume posthume d'Édouard Fournier, la légende des amours de Molière avec Madeleine, quelles qu'en puissent être les suites, demeure inconciliable avec le respect que nous aimons à professer pour une telle mémoire. Ou Armande serait la fille de Molière, ce qu'il est inutile de qualifier, ou bien il aurait, à tout le moins, épousé la fille ou la sœur de sa maîtresse, deux cas sociaux qui, pour n'être pas sans exemple, ne le recommanderaient pas mieux à l'estime de ses contemporains qu'à celle de la postérité. »

Pour dissiper l'ombre importune qui plane sur l'honneur du grand poète et sur la délicatesse de ses sentiments, M. Vitu émet une idée ingénieuse déjà vaguement indiquée par Taschereau, qui, toutefois, la rejetait comme par trop invraisemblable : c'est d'admettre que Molière fut l'ami de Madeleine, mais rien de plus.

La thèse est séduisante apparemment, car un jeune maître de conférences à la faculté des lettres de Paris, M. Gustave Larroumet, vient de la plaider à nouveau dans la *Revue des Deux-Mondes*, où il a publié deux articles, l'un sur Madeleine Béjart, l'autre sur la femme de Molière (1). L'auteur était déjà connu par une thèse agréable sur *Marivaux, sa vie et ses œuvres*, un joli sujet qui a porté bonheur à plusieurs autres, depuis M. de Lescure jusqu'à M. Brunetière, le dernier en date et non le moins

(1) Numéros des 1er mai et 15 juin 1885.

heureux. M. Larroumet l'a traité en écrivain et en homme d'esprit. Mais il est moins facile de tirer parti de la vie de Molière, tant de fois étudiée déjà, que de celle de Marivaux, dont on ne sait presque rien. Il y a d'excellentes pages dans les articles sur Madeleine et Armande Béjart, des pages toutes brillantes de ces qualités littéraires qui conviennent à une grande revue de vulgarisation destinée surtout aux gens du monde, auxquels suffisent des résumés élégants de travaux originaux habilement rapprochés et combinés. J'y voudrais voir en plus les qualités qui plaisent aux hommes spéciaux, sinon des découvertes aujourd'hui bien difficiles, il faut le reconnaître, du moins des recherches personnelles sur les questions accessoires encore controversées, des points de vue neufs et indépendants, propres à rajeunir un sujet bien près d'être épuisé, une originalité plus marquée, non dans la forme, qui est très distinguée, mais dans l'art d'exploiter le fond : c'est beaucoup exiger sans doute, mais le jeune écrivain est de ceux dont le talent autorise à se montrer exigeant. On peut tirer à vue sur lui sans crainte de voir protester la traite.

D'accord donc sur ce point avec M. Vitu, « il n'est peut-être pas impossible, dit-il dans son premier article, de trouver une explication qui ne coûte rien à la vraisemblance et dégage l'honneur de Molière. Le seul moyen, c'est de renoncer aussi bien à l'hypothèse des amours du poète avec Madeleine qu'à celle de la maternité de Madeleine envers Armande. »

Que ce moyen dégage en effet l'honneur du poète, d'accord ; mais qu'il ne coûte rien à la vraisemblance, c'est une autre affaire.

Qu'on se rappelle la communauté d'intérêts qui unit si longtemps les deux chefs de la troupe de l'*Illustre théâtre,* leurs longues pérégrinations dans le Midi de la France, cette vie nomade sur laquelle justement M. Larroumet nous donne une jolie page, les rapprochements constants, l'inévitable promiscuité, les couchées dans les auberges, quelquefois dans les granges, lui jeune et ardent, elle nullement farouche, mère à vingt ans d'une petite fille dont le père est M. de Modène, un gentilhomme qu'elle ne perd pas de vue sans doute, bien qu'il soit marié, mais dont elle est séparée pendant plusieurs années, car il vit réfugié en Espagne. Voilà qui ne laisse pas de jeter quelques doutes sur la solidité de la vertueuse hypothèse qu'on vient de lire. Joignez la commune renommée, qui compte bien aussi pour quelque chose. On peut faire bon marché des commérages de Tallemant des Réaux ; on peut faire fi de la dénonciation de Montfleury et de la phrase perfide où Racine en a parlé : « Montfleury a écrit une requête contre Molière et l'a donnée au roi ; il l'accuse d'avoir épousé la fille et d'avoir aussi vécu avec la mère. » Tallemant est une caillette, Montfleury et

Racine sont des adversaires. Mais Boileau est un ami, et qu'a-t-il dit à Brossette, qui nous le répète ? « Il a d'abord été amoureux de la comédienne Béjart, dont il a épousé la fille. » Voilà, d'un seul coup et dans une même phrase, deux faits qu'on s'ingénie aujourd'hui à révoquer en doute, affirmés par un homme sérieux, tout dévoué à Molière : les relations de ce dernier avec Madeleine et la maternité de celle-ci envers Armande. Ajoutons que l'opinion de Boileau sur ces deux points a été celle de tout le monde pendant un siècle et demi.

N'a-t-on pas le droit de dire aux nouveaux champions de la vertu de Madeleine Béjart : Si vous croyez que cette comédienne n'a jamais eu de bontés pour son camarade, pour l'associé de sa vie errante, pourquoi vous appliquez-vous à démontrer qu'elle n'est pas la mère, mais la sœur d'Armande ? Et si vous insistez tant sur le respect dû aux actes authentiques qui la représentent comme sœur aînée, n'est-ce pas que, malgré leur nombre, ces documents ne vous paraissent pas d'une certitude suffisante ?

C'est qu'en effet, de tous ces actes, il n'y en a qu'un seul qui compte, le premier. Celui-là commandait tous les autres, et ceux qui ont suivi en découlent. Qu'on le prouve mensonger, et la série entière des pièces où Armande est dite fille des époux Béjart-Hervé perd à l'instant toute créance. Or, cet acte est mensonger en effet ; il contient deux déclarations fausses, et voici dans quelles circonstances il a été fait.

Vers la fin de l'année 1642, la famille Béjart a quitté sa résidence urbaine et s'est retirée à la campagne, dans quelque village des environs de Paris. C'est là qu'une enfant voit le jour, une petite fille, qui bientôt s'appellera Armande-Grésinde (Grésinde est un des prénoms de Madeleine). Qui l'a mise au monde ? Est-ce la femme Béjart-Hervé, alors âgée de cinquante-trois ans ? Est-ce sa fille Madeleine, qui n'en a que vingt-cinq ? Bien des raisons se réunissent pour l'attribuer à la fille : l'accouchement qui a lieu à la campagne, loin des yeux indiscrets ; le désir qu'elle conserve de renouer avec son ancien amant, le comte de Modène, qui annonce son prochain retour en France ; la nécessité où elle se trouve, pour renouveler cette union morganatique, de faire disparaître l'enfant, témoignage vivant de son infidélité. Il faut donc que sa mère accepte cette nouvelle maternité. Elle n'est pas femme à s'y refuser, cette ignoble vieille, le type de *Madame Cardinal,* qui, jadis, s'est prêtée à être la marraine du premier enfant que sa fille a eu de M. de Modène, prouvant ainsi sa tolérance pour les déportements de Madeleine et les espérances qu'elle fonde sur sa liaison avec ce grand personnage. Il est donc convenu que la petite fille, qu'on ne se hâte pas de baptiser, sera inscrite sous le nom de sa grand'mère.

Une telle combinaison devait se présenter d'elle-même à l'esprit d'une comédienne, car elle constituait un ressort dramatique des plus connus ; on en trouverait des exemples même de nos jours. M. Livet a raconté le fait d'une mère d'actrice qui déclara comme sien, à l'état civil, l'enfant de sa fille, non mariée : « Nous citerions les noms, dit-il, n'était la réserve que nous impose le respect des membres survivants de cette famille. »

Mais une complication survient : Béjart - Hervé meurt, et, comme il laisse de grosses dettes et que les créanciers sont pressants, ses enfants doivent renoncer à sa succession. Pour cela, il faut que ceux qui sont mineurs soient pourvus d'un subrogé-tuteur, et que leur mère et tutrice soit autorisée à renoncer en leur nom.

Grave embarras ! car Joseph, l'aîné de la famille, alors âgé de plus de vingt-six ans, et le plus proche parent dans la ligne paternelle, sera naturellement choisi comme subrogé-tuteur. Or Joseph, ce bègue dédaigneux, comme l'appelle l'auteur d'*Élomire hypocondre,* ce maître ès art héraldique, habile à dresser et à redresser les généalogies, Joseph ne saurait être flatté de se trouver mêlé trop directement à ce tripotage, qui peut avoir des suites dangereuses. Qu'à cela ne tienne. On se passera de lui ; on le fera, aux yeux du lieutenant civil chargé de convoquer le conseil de famille, passer pour âgé de moins de vingt-cinq ans, et Madeleine aussi, par contre-coup, car, si son aîné est encore mineur, à plus forte raison faut-il qu'elle le soit aussi : il n'y a d'ailleurs que deux mois et demi qu'elle a dépassé l'âge auquel la coutume de Paris fixe la majorité.

Ce beau plan réussit à merveille. Au mois de mars 1643, la veuve Béjart, qui, bien qu'absente temporairement de Paris, y a cependant conservé son domicile légal, se présente devant le lieutenant civil Antoine Ferrand. Elle lui déclare que son mari lui a laissé cinq enfants tous encore mineurs : Joseph, Madeleine, Geneviève, Louis et une petite fille non encore baptisée, et elle demande à être autorisée à renoncer, en leur nom, à la succession paternelle. C'est là un acte unilatéral et que personne ne contrôle. En pareil cas, et même de nos jours, les juges de paix ne mettent point en doute la déclaration du père tuteur ou de la mère tutrice ; ils ne réclament point la production des actes de naissance des enfants ; ils s'en remettent au conseil de famille du soin de s'édifier quant à l'âge de ces derniers s'il le juge à propos.

Le cas était prévu, et le conseil de famille dont la veuve Béjart indiqua les membres avait été, par elle et par Madeleine, composé de façon qu'aucun de ces membres ne fût en état d'éclairer le lieutenant civil sur ces habiles combinaisons. Un seul parent y figurait, M$^{e}$ Pierre Béjart, procureur au Châtelet, un vieillard, oncle parternel des enfants : tous les autres étaient des étrangers, qualifiés amis de la famille. Tous habitaient Paris ; la petite fille à qui ils donnaient un subrogé tuteur était née à la campagne : point de moyen pour eux de vérifier la sincérité de la déclaration de celle qui se disait sa mère, point de raison même de la suspecter. Comment des étrangers auraient-ils pu savoir à un an près l'âge de tant d'enfants ? Tous furent, tous devaient être dupes, et Pierre Béjart lui-même très probablement, dupes et non pas complices du mensonge, quoi qu'on en ait dit. Personne n'eut à réclamer leur discrétion, par la bonne raison qu'ils ne purent pas même soupçonner qu'il y eût un secret à garder.

Tant de rouerie, comme on le pense bien, ne fait pas l'affaire des défenseurs de Madeleine Béjart ; aussi, sans nier les faux évidents contenus dans la déclaration de sa mère, se sont-ils ingéniés pour en donner des explications honorables. M. Larroumet présente les siennes avec art ; mais l'art et la science du droit sont choses fort différentes :

« Il ne faudrait pas croire, dit-il, que l'âge légal de chacun fût, à cette époque, aussi rigoureusement déterminé que de nos jours ; les actes d'état civil n'étaient pas encore dressés, bien s'en faut, avec la précision que la loi devait exiger plus tard ; quelques mois de plus ou de moins, deux ou trois ans même, ne faisaient pas une affaire. Donc, si deux des enfants Béjart se rajeunirent de parti pris, avec la complicité de leur mère, ils ne firent que profiter d'une latitude autorisée par l'usage ; ils auraient tout aussi bien pu se vieillir de quelques mois. Dans quelle intention, du reste, auraient-ils commis un faux ? Ce ne pouvait être pour sauvegarder leurs intérêts, car, pas plus alors qu'aujourd'hui, les enfants n'étaient obligés d'accepter la succession paternelle et d'en supporter les charges avec leurs biens propres ; ils n'avaient pour se mettre à l'abri de tout tracas qu'à faire, eux aussi, une renonciation. Mais la date récente de leur majorité permettait d'éviter cette complication de procédure ; un acte pouvait suffire au lieu de trois ; on n'en fit qu'un. Voilà, ce semble, leur seul intérêt dans l'affaire, et il n'en faut pas davantage pour expliquer l'irrégularité de la déclaration. »

Les actes de l'état civil, c'est-à-dire les actes constatant les baptêmes, les mariages et les inhumations, étaient dressés par les curés, et en effet assez mal tenus. Mais ces actes n'ont rien à faire ici. Bien différents étaient ceux que rédigeaient les notaires et les officiers de judicature, surtout quand l'âge des parties était un élément de leur validité ; autrement les intérêts des tiers auraient souvent été compromis. Croit-on que les notaires prêtassent leur ministère pour des prêts sans s'assurer que l'emprunteur était majeur ? Pense-t-on que les chancelleries accordassent des lettres d'émancipation sans s'être éclairées sur l'âge et la capacité des impétrants ? Quand Madeleine, qui de bonne heure, en vraie fille d'huissier qu'elle était, eut le goût des affaires et des spéculations, imagina de se faire émanciper, afin d'acheter une maison et d'emprunter moitié de la somme nécessaire pour la payer, n'avait-elle pas l'âge requis pour les émancipations, c'est-à-dire dix-sept ans, selon les usages de Paris ?

Si la veuve Béjart, le jour où elle fit nommer un subrogé-tuteur à ses cinq enfants, avait dit au lieutenant civil, un haut fonctionnaire, le bras droit du prévôt de Paris, si elle avait dit à ce juge : « Les deux aînés ont dépassé vingt-cinq ans ; mais, pour simplifier et ne faire qu'un seul acte de renonciation, considérons-les aussi comme mineurs, » le juge n'eût pas manqué de la rabrouer d'importance, et le vieux procureur, Pierre Béjart, aurait baissé le nez piteusement. « On ne fait point de tels arrangements avec la justice, aurait dit le magistrat. Si je souscris à votre proposition, tous les engagements que vos deux aînés ont consentis depuis leur majorité réelle peuvent être tenus pour nuls ; de plus, les créanciers de votre défunt mari, s'ils éventent la supercherie (et les gens qui perdent ont le nez fin), se feront une arme de cette fraude pour les attaquer dans leurs biens ; tout au moins les contraindront-ils à prendre valablement qualité, et tout sera à recommencer. La prétendue simplification est un leurre : majeurs et mineurs peuvent renoncer par un seul acte, et, pour ce qui est des frais, quand même on ferait trois renonciations distinctes, ils seraient encore insignifiants, moins d'un petit écu pour chacun. Votre fille, dites-vous, n'est majeure que depuis deux mois. Qu'importe ? Ignorez-vous d'ailleurs que, depuis sept ans, elle est apte à renoncer sans votre assistance, en se conformant aux règles prescrites aux émancipés ? Et, quant à son frère aîné, son devoir est de comparaître ici : c'est à lui d'accepter une charge qui peut durer vingt-cinq ans, non à un étranger, qui ne saurait prendre intérêt aux enfants. »

Paraître au conseil de famille, c'est justement ce que Joseph ne voulait pas. On demande pourquoi il ne fit pas lui-même sa renonciation à la succession paternelle ; mais c'eût été s'avouer majeur, et par suite se voir contraint d'accepter cette fonction qui l'associait directement à la fraude de la fausse maternité.

Elle éclate, cette fausse maternité, dans deux autres actes importants, le contrat de mariage de Molière avec Armande Béjart et le testament de Madeleine. Dans le premier, c'est la fausse mère, Marie Hervé, qui est censée doter la future ; mais tout le monde est d'accord qu'elle était hors d'état de faire une telle libéralité. M. Larroumet lui-même n'est pas éloigné de croire que les dix mille livres, montant de la dot, furent fournies par Madeleine ; mais il se hâte d'ajouter : « Il est encore plus simple d'admettre que la dot fut constituée par Molière lui-même, compensant de cette manière assez usitée la différence d'âge qui existait entre sa jeune femme et lui. » Non ; car, en pareil cas, le contrat est quittancé ; on n'attend pas quatre mois pour constater le payement d'une dot fictive, comme cela arriva pour celle d'Armande, dont le chiffre concorde exactement avec l'importance d'un prêt fait par Madeleine à la province du Languedoc, prêt qu'elle ne put faire rentrer à temps, comme elle l'avait espéré d'abord, et que sans doute elle transféra à son gendre par acte privé, car la quittance de la dot ne porte point la mention ordinaire que les deniers ont été versés en présence des notaires.

Le testament de Madeleine, et surtout le codicille qui le suit, sont plus significatifs encore. Elle institue pour légataires universels en nue propriété les enfants nés et à naître du mariage de Molière et d'Armande, avec substitution à l'infini au profit des enfants mâles de l'aîné. Armande légataire universelle en usufruit, recevra tous les revenus sa vie durant, mais elle les emploiera en œuvres pies, conformément aux intentions que la testatrice lui a fait connaître.

Cette clause dut paraître dure à la femme de Molière, et le codicille fait trois jours avant le décès de Madeleine, et qu'elle n'eut pas la force de signer, révèle par de clairs indices les obsessions dont elle fut entourée à son lit de mort. Il se joua là un de ces drames que connaissent bien les notaires, les médecins et les confesseurs. Je crois entendre Armande : « Ce legs universel n'est qu'un leurre ! Au fond, je ne suis pas mieux traitée que ton frère et ta sœur, à chacun desquels tu laisses seulement 400 livres de rente viagère ! Que m'importe que mes enfants et leurs descendants soient riches un jour ! Que m'importe une fortune dont je ne jouirai pas ! J'en aurai les ennuis sans en avoir les avantages ! » Et la mourante céda : elle dispensa sa légataire universelle de toute charge d'emploi.

Molière et sa femme étaient déjà fort riches : on a calculé qu'ils pouvaient, tant de leurs bénéfices annuels que de leur avoir, se faire quelque chose comme vingt-cinq ou trente mille livres de rente, environ 180,000 francs de nos jours. Au contraire, Joseph et Geneviève, le frère et la sœur de Madeleine, étaient loin de vivre dans l'opulence. Quand, six mois après le décès de sa sœur, Geneviève, veuve en premières noces de Léonard de Loménie, se remaria avec Jean-Baptiste Aubry, elle n'avait guère d'autres moyens d'existence que son talent d'artiste et les 400 livres de pension viagère que lui avait légués sa sœur : cela ressort des énonciations de son contrat de mariage. Et Molière, dans de telles conditions, ne se serait pas fait scrupule d'accepter les libéralités de Madeleine, au détriment de cette veuve et de son fils ! Car elle avait un enfant de son premier mariage, un fils d'une dizaine d'années, Jean-Baptiste de Loménie.

2

Si ce fait important n'eût pas échappé à M. Larroumet, peut-être son jugement sur les dispositions testamentaires de Madeleine s'en fût-il trouvé modifié, et les eût-il jugées moins sages et moins bien justifiées. C'est au mépris des droits de cet enfant, orphelin de père, que Molière aurait souffert qu'on enrichît sa femme et sa fille, qui n'avaient nullement besoin de ce supplément d'opulence ! Il ne l'aurait pas indemnisé de quelque façon et, au besoin, sur sa propre fortune ! Tartuffe dépouillait les enfants d'Orgon, mais au moins Damis et Mariane n'étaient-ils pas ses neveux.

Non : si Molière, l'homme probe et délicat, accepta la totalité de cette riche succession, c'est qu'il savait bien que sa femme en était l'héritière directe et légitime, et que Madeleine, en la lui assurant intégralement, ne faisait que rendre hommage à la loi divine et sociale.

Une dernière réflexion.

De quel œil Geneviève eût-elle vu l'exhérédation de son fils s'il avait eu, de par les droits du sang, des droits sérieux à la succession dont on le dépouillait, des droits égaux à ceux qu'avait la fille de Molière ? Les mères ne pardonnent pas ces choses-là. Cependant Geneviève ne garde point rancune à Molière et à sa femme, et quand elle se remarie, le 5 septembre 1672, le poète assiste à son contrat : Armande, sur le point d'accoucher, n'y put accompagner son mari.

Je l'ai dit en commençant, je n'espère pas convaincre tout le monde. Mais que ceux qui s'intéressent à ces questions lisent ou relisent l'article de M. Larroumet : outre le plaisir qu'ils trouveront à cette lecture, ils pourront se donner celui de peser ses raisons et les miennes, et de juger de quel côté est la plus grande somme de vraisemblance. Tout au moins se rangeront-ils à l'opinion que mes arguments ont inspirée à M. Brunetière, à savoir que les actes dont on s'autorise pour faire de la femme de Molière une sœur de Madeleine compliquent justement la question qu'on semble croire qu'ils ont décidée (1).

Je puis à la rigueur me contenter de cette conclusion, bien modeste toutefois en présence de tant d'indices pressants, de tant de faits significatifs, la dot fournie par Madeleine, son testament, l'existence incontestable d'un héritier lésé par cet acte de dernière volonté. Les vraisemblances ici parlent avec plus d'éloquence que des pièces authentiques d'une sincérité si douteuse et si contestable, et le moins qu'en pareil cas puisse faire un esprit sage, c'est de suspendre son jugement.

(1) *Revue des Deux-Mondes* du 1er décembre 1884.

## III

### Les infortunes conjugales de Molière.

Autant pour le moins que sa naissance, le caractère et les mœurs de la jeune femme à laquelle Molière, plus âgé qu'elle de vingt ans, eut le tort et le malheur d'associer sa vie, ont fourni matière à d'amples controverses. Bien que Grimarest, dont le livre parut en 1705, eût affecté de prendre sa défense, par ménagement sans doute pour sa fille, la tradition lui était nettement hostile. Cette tradition, Voltaire l'avait recueillie et s'en était fait l'interprète en termes concis, mais positifs, qui semblaient devoir fixer l'opinion de la postérité, surtout après que Taschereau, qui ne mettait point en doute les infortunes conjugales de Molière, eut accentué et précisé les motifs de la condamnation.

Un revirement s'est opéré dans ces dernières années : George Sand en a donné le signal dans la préface de son drame sur Molière. Plusieurs écrivains, qui ont traité certaines parties de l'histoire de notre grand comique et de sa famille, ont puissamment aidé à ce mouvement de réaction ou s'y sont associés. Tout récemment encore, l'un d'eux faisait remarquer, dans un recueil autorisé, qu'à part deux ou trois allusions on n'a contre Armande Béjart que deux dépositions contemporaines, toutes deux bien suspectes.

Les allusions partent de Montfleury dans l'*Impromptu de l'hôtel de Condé*, du comédien de Villiers dans la *Vengeance des marquis*, et enfin de Le Boulanger de Chalussay dans *Elomire hypocondre*. Elles sont assez anodines ; un acteur d'âge mûr, ayant une jeune et jolie femme, devait nécessairement être exposé à ce genre de plaisanterie. Je ne m'y arrête pas autrement ; mais les deux dépositions contemporaines (et c'est trois qu'il aurait fallu dire) méritent une tout autre attention.

La première en date se trouve dans certains mémoires judiciaires écrits par ou plutôt pour un sieur Guichard, la seconde dans un pamphlet anonyme postérieur à la mort de Molière, la *Fameuse Comédienne* ou *Histoire de la Guérin*. La Guérin c'est Mlle Molière, qui avait épousé en secondes noces un acteur nommé François Guérin. On appelait alors mademoiselle toute femme qui n'était pas noble ; mais communément on se bornait, pour la désigner, à faire précéder le nom de son mari de l'article *la*. On disait sans aucune intention de dénigrement : la de Brie, la Molière, la Guérin.

Qu'est-ce au juste que cette affaire Guichard dont tant de gens ont parlé sans la connaître ? On sait vaguement qu'il s'agit d'un projet d'attentat contre les jours de Lulli et que, dans le procès criminel qui s'ensuivit, Mlle Molière fut gravement outragée par l'accusé. On croit savoir aussi que cet accusé fut finalement condamné, ce qui, pense-t-on, aurait fait éclater la pureté immaculée de la veuve du grand poète. Or, c'est justement le contraire qui est la vérité. M. Livet lui-même, qui, dans un appendice à sa savante édition de la *Fameuse Comédienne,* a publié des fragments d'un des factums de Guichard et de curieux extraits des registres du Châtelet et de la Conciergerie, M. Livet, malgré son excellent esprit, a tiré de ces pièces des conclusions fort différentes de celle qui s'en dégage à mon avis. Il s'est figuré même que « ces documents ne laissent rien subsister des accusations passionnées et haineuses portées contre la veuve de Molière. »

Essayons de faire la lumière dans ces ténèbres. J'espère y parvenir tant au moyen des documents publiés par M. Livet qu'avec le secours d'autres pièces qui sont à ma disposition. Cet exemple montrera peut-être qu'il reste encore des choses neuves à découvrir dans cette histoire de la famille de Molière qu'on croit si connue. La question, comme on va le voir, ne touche pas seulement à l'honneur d'un membre de cette famille, elle se relie à l'histoire du théâtre au dix-septième siècle.

Disons d'abord ce qu'était Guichard et pourquoi Lulli l'accusa de vouloir attenter à sa vie.

---

# IV

## L'affaire Guichard.

Henri Guichard portait le titre d'intendant des bâtiments de Monsieur, duc d'Orléans, frère unique du roi. De Visé raconte, dans son *Mercure galant* de 1673, une fête donnée à la cour par Monsieur dans son château de Saint-Cloud, et où les feux et les cascades étaient réfléchis à l'infini par des milliers de miroirs convergents. Elle avait été organisée par Guichard, gentilhomme ordinaire de Son Altesse Royale, dont les ouvrages, dit de Visé, ont fait du bruit et qui a beaucoup d'invention. Ces fonctions mettaient Guichard en relations avec l'abbé Perrin, introducteur des ambassadeurs auprès du duc, ainsi qu'avec Robert Cambert, autrefois surintendant de la musique d'Anne d'Autriche, mère du même prince: Or, Perrin et Cambert sont les premiers introducteurs en France d'un genre qui jouissait d'une grande vogue en Italie : leur pièce de *Pomone,* dont Perrin avait écrit les paroles et Cambert la musique, est le premier opéra français régulier qui ait été joué à Paris.

Le 28 juin 1669, Perrin obtint des lettres patentes portant permission d'établir dans cette ville une académie de musique pour chanter en public des pièces de théâtre. Il s'associa Cambert pour la musique et le marquis de Sourdéac pour les machines. Ce gentilhomme était propriétaire ou principal locataire du jeu de paume de la Bouteille, rue Mazarine, en face de la rue Guénégaud : les trois associés firent construire là un théâtre. Mais bientôt la division se mit entre eux, et ils venaient de céder leur privilège à Henri Guichard et à Jean de Grenouillet, lorsque Lulli se mit en tête de se faire transférer ce privilège sans bourse délier.

Lulli était alors un personnage très influent. Ambitieux, rusé, méchant, vindicatif, au mieux avec Mme de Montespan, fort en crédit auprès du roi, qui ne voulait plus entendre d'autre musique que la sienne, compositeur et surintendant de la musique de sa chambre, choyé des plus grands seigneurs, qu'il amusait par ses saillies, ce Florentin pouvait dire, comme le marquis Acaste du *Misanthrope :*

> Il est fort peu d'emplois dont je ne sois en passe.

Il obtint donc du roi, le 29 mars 1672, des lettres patentes qui lui transféraient le privilège de l'Académie royale de musique et révoquaient l'autorisation jadis accordée à l'abbé Perrin. Guichard et Grenouillet, cessionnaires des droits de ce dernier, firent naturellement opposition à l'enregistrement de ces lettres. Il s'ensuivit un procès dont l'issue demeura longtemps incertaine : mais, comme Lulli avait l'oreille de Louis XIV, il obtint que le monarque écrirait lui-même au lieutenant de police pour faire fermer le théâtre du sieur Guichard. Ces procédés étaient familiers au roi, qui se croyait en droit d'ouvrir et de fermer les théâtres, de transférer les acteurs d'une troupe à l'autre, malgré les engagements contraires, le tout sans aucune indemnité en faveur de ceux à qui ces agissements portaient préjudice.

Conformément aux volontés royales, un arrêt de la Cour, du 27 juin 1672, ordonna l'enregistrement des lettres patentes accordées à Lulli, sans s'arrêter aux oppositions.

Dès lors, Lulli et Guichard furent en hostilité déclarée. Hommes d'esprit tous deux, leur guerre, avant d'éclater devant les tribunaux, se traduisit par un échange d'épigrammes, de propos malveillants, d'insinuations perfides. Ils se connaissaient de longue main, car Guichard était fils d'un des premiers valets de chambre du duc Gaston d'Orléans, et Lulli avait été élevé par les bontés de la fille de ce prince, M^lle^ de Montpensier, l'*innamorata* de Lauzun, celle qu'on appelait la grande Mademoiselle. Guichard ne se faisait pas faute de raconter ce qu'il imprima depuis dans ses *factums,* la basse extraction du musicien, le moulin des environs de Florence où son père était meunier, son admission, en qualité de marmiton, dans les cuisines de Mademoiselle, et comment « il sut adroitement se tirer de la marmite avec un archet » ; puis les leçons de violon et de clavecin que la princesse lui fit donner, la place qu'elle lui accorda parmi ses musiciens et aussi la noire ingratitude dont il la paya en la livrant aux rires de toute la cour.

L'anecdote n'est pas de celles qui plaisent aux délicats, mais elle tient trop au sujet pour qu'il me soit permis d'en faire grâce à mes lecteurs, d'autant qu'elle peint au vif le naturel à la fois ingrat et bouffon du personnage.

C'était au temps où Mademoiselle, qui se savait la plus riche héritière de l'Europe, aspirait à s'asseoir sur le trône de France et soupirait pour le roi. Un jour que la princesse venait de sortir de sa chambre pour passer dans son cabinet, les courtisans restés dans la chambre entendirent un bruit que les plus polis appelèrent un grand soupir, bien qu'il ne partît pas du cœur. On fit des couplets sur cet accident si désagréable pour une femme, et surtout pour une princesse chez laquelle, disait-on, tout était grand, le nom, le nez, etc... Lulli donna une sorte de vogue à ces couplets par la musique qu'il adapta aux paroles et surtout par la ritournelle, qui était des plus expressives. Mademoiselle en fut instruite et le chassa.

Ce fut le principe de la haute fortune de Lulli. Le roi, qui n'aimait pas sa cousine, voulut entendre les couplets sur le soupir de Mademoiselle chantés par le musicien lui-même, et le Florentin l'amusa tant par ses bouffonneries que bientôt il fut impossible au monarque de se passer de lui. C'est sans doute à cet incident que Guichard fait allusion quand il écrit qu'un vent meilleur que celui de son moulin le poussa à la cour. L'Italien usa et abusa de l'ascendant qu'il avait pris sur le roi. Louis XIV tenait en plus haute estime un ballet ou une mascarade, surtout quand il y figurait, que les meilleures œuvres tragiques ou comiques. Une pastorale lyrique mêlée de danses était pour lui l'idéal de l'art. Il fit plus pour le seul Lulli que pour Corneille, Racine et Molière. Toujours tremblant de le perdre, il ne savait rien lui refuser. Places, honneurs, pensions, lettres de noblesse, titre de secrétaire du roi, il lui accorda tout ce qu'il voulut, et l'insolence du favori devint sans bornes comme sa fortune. La Fontaine, qu'il bafoua après l'avoir *enquinaudé,* a marqué de traits sanglants l'avidité de cet homme, qu'il appelle le *glout* (glouton) et que les courtisans nommaient le *ladre :*

C'est un paillard, c'est un mâtin
Qui tout dévore,
Happe tout, serre tout : il a triple gosier ;
Donnez-lui, fourrez-lui, le glout demande encore ;
Le roi même aurait peine à le rassasier.

Plus loin, le même poète nous montre tous ceux qui touchaient à Lulli, son architecte, son notaire, son beau-père, ce fameux Michel Lambert dont Boileau a parlé, sa femme, ses enfants et tout le genre humain, disant au ciel dans leurs prières :

Délivrez-nous du Florentin.

Cet homme dangereux semblait l'intrigue incarnée. Quiconque avait maille à partir avec lui était assuré d'un bon procès que, le plus souvent, Lulli gagnait. J'ai dit comment il avait dépouillé Guichard du privilège de l'opéra. Il obtint bientôt après le droit exclusif d'exploiter ce genre : défense fut faite à tout autre de faire jouer en France des tragédies lyriques.

Pourvu de ce monstrueux monopole, il lui fallait une salle pour l'exploiter. Huit mois après justement, Molière, qui jouissait de la plus belle salle qu'il y eût à Paris, vint à mourir. Il avait jadis été fort lié avec Baptiste, comme on appelait Lulli, et lui avait même prêté onze mille livres remboursables à la volonté du débiteur. C'était Lulli qui avait fait la musique de ses pièces à divertissements, depuis la *Princesse d'Élide* jusqu'au *Bourgeois gentilhomme*, la dernière à laquelle le Florentin ait collaboré. Les bonnes relations cessèrent le jour où Lulli eut obtenu la permission d'établir un théâtre pour y jouer des opéras. Avec la sournoiserie et l'absence de tout scrupule qui le caractérisaient, il commença par faire interdire à son ami d'avoir plus de six violons dans son orchestre ; puis il commanda à Quinault une pastorale, les *Fêtes de l'Amour et de Bacchus*, où il introduisit plusieurs morceaux empruntés à la musique qu'il avait composée jadis pour les pièces de Molière. Celui-ci répondit en chargeant Charpentier, un rival que Lulli redoutait, de composer les airs de son *Malade imaginaire*. Mais la mort le surprit bientôt après, et l'Italien reporta le poids de sa rancune sur la veuve et sur les camarades du défunt.

Il fit évincer les compagnons de Molière de cette salle du Palais-Royal où ils avaient représenté tant de chefs-d'œuvre, et il se l'appropria. L'affaire fut faite avec une rapidité brutale : les pauvres comédiens n'avaient joué que douze fois depuis la mort de leur illustre directeur, quand ils reçurent l'ordre de déguerpir ; il leur fallut louer en hâte cette salle de la rue Mazarine jadis construite par Perrin, Cambert et le marquis de Sourdéac, et qui leur fut affermée à raison de 2,400 livres par an. Ils durent de plus donner une part dans leurs futurs bénéfices à M. de Sourdéac et une autre à M. de Champéron, son associé, tous deux qualifiés de machinistes dans la liste des sociétaires inscrits en 1676 sur le registre de La Grange, et compter au premier pour prix de son théâtre 14,000 livres qui leur furent prêtées par

« M. Boudet, tapissier du roi » (1), oncle et subrogé tuteur de la fille de Molière. Ce prêt fut fait le 23 mai 1673. La veille, Lulli, qui avait hâte de se débarrasser du fardeau de la reconnaissance, avait remboursé les 11,000 livres que le poète lui avait prêtées trois ans auparavant, et ce fut évidemment avec partie des fonds provenant de ce remboursement qu'eut lieu le prêt fait aux comédiens de la rue Guénégaud. Molière, du fond de sa tombe, venait encore au secours de ses anciens camarades.

On voit que si Guichard avait gravement à se plaindre de Lulli, la veuve de Molière, directrice de la troupe que ce musicien chassait du Palais-Royal, n'avait pas non plus à s'en louer. Une communauté de griefs les unissait, lui dépossédé de son privilège, elle de son théâtre, et tous les deux par les intrigues du musicien italien.

Au mois de novembre 1674, Armande donnait un grand dîner servi par de nombreux domestiques des deux sexes, car elle avait conservé, quoique veuve depuis vingt mois déjà, un grand train de maison. Henri Guichard assistait à ce festin, en compagnie de deux de ses parents, de plusieurs camarades de M^lle^ Molière et de Sébastien Aubry, dont le frère, Aubry des Carrières, avait épousé Geneviève Béjart, et se trouvait par là beau-frère de la maîtresse de la

(1) E. Despois, *Le Théâtre-Français sous Louis XIV*, p. 36.

maison. Sébastien Aubry était un homme de sac et de corde : « Son nom, dit M. Livet, figure aussi souvent sur les registres de la Conciergerie parce qu'il y est amené prisonnier que parce qu'il y amène des prisonniers, en qualité de lieutenant de M. de Grandmaison, lieutenant criminel de robe courte. » Guichard le connaissait pour avoir été quelque temps l'amant de sa sœur, Marie Aubry, actrice à l'Opéra, et il donne même à entendre dans son factum d'août 1676 que l'accusation dont il fut l'objet de la part d'Aubry avait eu lieu à l'instigation de cette vindicative Ariane.

Pendant le repas, la conversation tomba naturellement sur Lulli, dont deux convives au moins avaient tant à se plaindre, et les propos qui furent tenus sur son compte n'étaient pas empreints d'une parfaite bienveillance. Si l'on ne dit pas précisément au Seigneur, comme La Fontaine : « Délivrez-nous du Florentin, » il est à croire qu'on ne pria pas non plus pour la conservation de ses jours.

Le vindicatif musicien eut vent de ces propos et déposa entre les mains du lieutenant criminel une plainte où il prétendit qu'au cours du dîner un pacte avait été formé pour l'assassiner. Guichard, disait-il, avait proposé à Aubry d'empoisonner le directeur de l'Opéra au moyen de tabac mêlé d'arsenic; mais Aubry, saisi de remords, était venu dénoncer le complot au principal intéressé.

Paris était alors comme affolé par la terreur du poison. Les crimes de la marquise de Brinvilliers, qui venait de se réfugier à l'étranger, étaient divulgués, et, depuis l'année précédente, les pénitenciers de Notre-Dame avertissaient la justice qu'un nombre énorme de femmes confessaient avoir attenté par le poison aux jours de leurs maris.

La police prêtait donc une oreille très attentive à toutes les accusations d'empoisonnement, et cette disposition donnait beaucoup de gravité à celle que Lulli formulait, sur les indications d'Aubry.

Guichard comprit le péril et de lui-même se constitua prisonnier : par là il montrait qu'il allait au-devant de l'enquête, loin d'en craindre les résultats. Il expliquait d'ailleurs la connivence de Lulli et d'Aubry en prétendant que le premier avait offert au second la place de garde et surveillant de son théâtre aux appointements de 1,800 livres.

L'instruction fut longue et prit une tournure inattendue : un beau jour Aubry fut arrêté par ordre du procureur du roi, Robert. Pourquoi ? On ne le sut exactement que longtemps après, car la justice du temps, copiant les procédés de l'Inquisition, ne se croyait pas obligée de révéler aux gens les motifs de leur incarcération : on dut croire et l'on crut que les imputations d'Aubry paraissaient calomnieuses.

Armande se décida à venir à son secours. Céda-t-elle aux sollicitations de sa sœur Geneviève, belle-sœur d'Aubry ? Craignit-elle, si elle tardait, de se voir compromise ? Toujours est-il qu'oubliant tout à coup les légitimes motifs d'irritation qu'elle avait contre Lulli, et redoutant sans doute ses mauvais offices, elle se mit du côté du manche : ce ne fut pas toutefois sans précautions ni longues hésitations.

Pendant les quatre premiers mois qui suivirent l'incarcération de Guichard, elle avait gardé le silence et ne s'était pas présentée comme témoin ; mais Lulli, qui n'était pas homme à négliger aucun moyen, eut assez de crédit pour obtenir de l'autorité judiciaire des lettres de monition qui furent lues au prône dans toutes les églises de Paris. Le monitoire était un avertissement donné aux fidèles instruits d'un crime d'avoir à venir, sous peine d'encourir les foudres de l'Église, révéler les détails par eux connus. Celui que Lulli avait obtenu fut lu au mois de juillet 1675, et c'est seulement à la fin de septembre que la veuve Molière alla faire sa déposition à son curé et « lui déclara qu'au mois de novembre de l'année précédente, le sieur Guichard étant à souper chez elle, on vint à parler du sieur Lulli et que, sur ce sujet, Guichard dit à elle, déposante, que ledit Lulli crèverait bientôt » ; déclaration fort habile par laquelle elle venait au secours d'Aubry, tout en évitant de rien dire des prétendues propositions d'empoisonnement faites à ce dernier par Guichard, et de la façon dont elles avaient été accueillies.

On imagine aisément l'irritation que cette perfide déposition dut soulever chez Guichard : il comptait sur une alliée et rencontrait une ennemie. Dans un des mémoires qu'il publia pour sa défense, il fit remarquer d'abord à quel point il était invraisemblable qu'il eût fait les ouvertures et les dangereuses confidences qu'on lui prêtait au cours d'un dîner auquel assistaient de nombreux convives, et en présence de tant de serviteurs. Puis il chercha naturellement à affaiblir la valeur du témoignage de la veuve Molière : « Elle est, disait-il, indigne de toute créance à raison des rapports de famille qui existent entre elle et la famille Aubry, le propre frère de Sébastien Aubry ayant épousé la propre sœur de la Molière. »

C'est là, pour le dire en passant, une assertion bien remarquable, et il est étonnant que personne ne l'ait encore relevée. Trois ou quatre ans après la mort de Molière, Guichard connaissait et livrait à la publicité un fait que Beffara passe pour avoir découvert en 1821, à savoir qu'Armande était non la fille de Madeleine Béjart, mais sa sœur, en même temps que celle de Geneviève. Il était donc au courant des actes mis au jour par Beffara et Eudore Soulié, et qui constatent cette parenté ; mais, ces actes, il ne croyait pas beaucoup à leur sincérité, car faisant allusion à la longue intimité qui avait uni Molière et Madeleine, et dont nul ne saurait dire exactement à quelle date elle commença, il ajoute : « Tout le monde sait que la naissance de la Molière est obscure et indigne, que sa mère est très incertaine, que son père n'est que trop certain, qu'elle est fille de son mari, femme de son père. » Que ce fût là une infâme calomnie, nul doute sur ce point : tout ce que j'en veux retenir, c'est que Guichard, vivant dans l'intimité d'Armande, connaissait ces actes authentiques auxquels on accorde tant de crédit aujourd'hui, mais qu'il n'en était pas dupe, puisqu'il tenait Armande bien plutôt pour la fille de Madeleine que pour sa sœur.

Guichard ne se bornait pas à flétrir la veuve de Molière dans son origine ; il l'attaquait aussi dans sa vie privée et dans ses mœurs, en même temps du reste que toutes les autres actrices dont Lulli avait invoqué le témoignage : « La Aubry, digne sœur d'un tel frère ; la Verdier, sa vilaine amie ; la Brigogne, cette prostituée, chanteuse de l'Opéra ; la Molière, cette comédienne de tous les théâtres, sont des créatures publiques de toutes les manières (1). » Tel était le langage, non de Guichard lui-même, bien qu'il en fût l'inspirateur et en portât la responsabilité, mais de M$^{e}$ Vaultier, son avocat, rédacteur de ses requêtes et

(1) *Response du sieur Guichard aux libelles diffamatoires de Jean-Baptiste Lulli et de Sébastien Aubry, à Messieurs les gens tenans le siège présidial en la chambre criminelle de l'ancien Chastelet de Paris.* — Août 1676, p. 20.

mémoires. Guichard paraît même en reconnaître et en regretter l'exagération quand il s'excuse, eu égard à la fausseté de l'accusation qu'on faisait peser sur sa tête et à l'indignation qu'elle soulevait dans son âme, de n'avoir pu parler avec plus de retenue (page 2).

Du reste, il faut dire, à sa décharge, que Lulli et Aubry, par la violence de leurs attaques, légitimaient ces représailles, et que, dans cette triste affaire, ce ne fut pas Guichard qui joua le plus vilain rôle, car les allégations les plus graves de ses adversaires furent reconnues calomnieuses. Ils prétendirent que Guichard n'en était pas à son coup d'essai en fait de tentatives de meurtre : qu'il avait empoisonné le sieur Le Vau, son beau-père, et que, décrété de corps pour ce crime, on l'avait mis à la Bastille, faits que rien ne justifia. Ils avancèrent encore que Guichard, en l'année 1669, avait volé et emporté les ornements de l'église du couvent des Filles de la Miséricorde, au faubourg Saint-Germain, et Lulli eut assez d'influence pour obtenir que Me Jacques Defita, lieutenant criminel au Châtelet, fît deux enquêtes successives dans le monastère, bien que, dès la première, la supérieure et les religieuses eussent attesté que rien de pareil ne s'était passé dans leur maison. Leur certificat est imprimé tout au long à la page 14 de la réponse de Guichard. Ce dernier nous révèle de plus (p. 26) que la belle-mère du lieutenant criminel était la marraine d'Aubry, ce qui, à cette époque, créait une sorte de lien familial.

Guichard se crut donc fondé à récuser Défita et à demander à la cour du Parlement de lui donner un autre juge. Ce sont là de ces requêtes que les cours suprêmes accordent rarement et que les juges récusés pardonnent plus rarement encore. La cour, par arrêt du 16 mai 1676, rendu après des plaidoiries qui durèrent cinq audiences, ordonna que le procès serait continué par le lieutenant criminel ; puis, le 17 septembre, ce juge rendit une sentence qui déclarait Guichard convaincu d'avoir fait la proposition d'empoisonner Lulli et le condamnait à venir en la chambre du conseil, et là, nu-tête et à genoux, se reconnaître coupable et être blâmé. Quant à Aubry, contrairement à toute attente, il était déclaré convaincu d'avoir écouté la proposition et promis de s'y employer, pourquoi il était condamné, lui aussi, à l'amende honorable et à l'admonestation.

Presque tous ceux qui ont parlé de cette affaire ont cru qu'elle se terminait là, et que, en fin de cause, elle avait mis en évidence la culpabilité de Guichard et procuré le triomphe de ses adversaires et de leurs témoins. Cette opinion est tellement générale et enracinée que je ne suis nullement étonné de la retrouver exprimée tout récemment par un écrivain qui, cependant, ne saurait passer pour un champion aveugle de $M^{me}$ Molière : « Le procès, dit-il, se termina pour Guichard par une condamnation sévère. » Et ailleurs : « L'accusation qui pesait sur lui fut reconnue fondée. On remarquera la sévérité avec laquelle la justice frappait à deux reprises deux accusateurs d'Armande (1). » L'autre accusateur était un président au parlement de Grenoble, sur lequel je reviendrai.

Toute différente est la vérité. Lulli s'était trop hâté de triompher en faisant imprimer chez Sébastien Mabre-Cramoisy, imprimeur du roi, l'arrêt qui maintenait à Défita le droit de continuer le procès criminel. Cet arrêt se terminait par ces cinq ou six petits mots qui auraient dû modérer sa joie : « sauf l'exécution, s'il en est appelé. » Défita pouvait bien rendre sa sentence, mais non la faire exécuter : elle devenait ainsi une simple formalité préliminaire ; Lulli gagnait la première manche, rien de plus. Son adversaire interjeta appel en effet, et la cour, par arrêt du 12 avril 1677, mit la sentence à néant, et, faisant droit sur les réquisitions du procureur général, déclara l'appelant absous de l'accusation portée contre lui. Cet arrêt fut mentionné en marge de la sentence, et Guichard reprit tout de suite son emploi dans la maison de Monsieur. En sorte qu'en définitive l'affaire tourna à la confusion de Lulli, d'Aubry et de ceux qui avaient prêté à l'un et à l'autre le secours de

(1) Articles de la *Revue des Deux-Mondes* cités plus haut.

leur témoignage. Acquitter Guichard, c'était déclarer celle qui avait déposé contre lui convaincue d'accusation calomnieuse, acte d'autant plus répréhensible que cette accusation frappait un ancien ami. Il s'en faut de tout, comme on voit, qu'Armande soit sortie de cette affaire à son honneur et surtout qu'elle ait obtenu aucune réparation des injures qui lui avaient été prodiguées.

## V

### L'histoire de la Guérin.

Comme on a pu s'en convaincre par le récit qui précède, la veuve de Molière n'eut point à se louer de son intervention dans ce procès, où elle avait si mal à propos pris parti contre un homme injustement accusé, et rien n'effaça les éclaboussures que l'absolution de Guichard fit rejaillir sur sa réputation. Sans doute l'irritation que devait causer son intervention, l'animation de la lutte, la nécessité où se trouvait Guichard de détruire le poids du témoignage en faisant suspecter la moralité du témoin, tous ces motifs ôtent beaucoup de valeur aux injurieuses appréciations qu'il fait de la conduite d'Armande. Mais enfin, des éclaircissements pareils à ceux qu'on cherche sur cette conduite ne peuvent être demandés à des personnes amies. Les factums de Guichard sont les écrits d'un homme qui se défend en attaquant ceux qui lui nuisent ; on ne pouvait pas, apparemment, attendre de lui un panégyrique, et de la vivacité de ces attaques il ne suit pas nécessairement qu'elles soient toutes des calomnies.

Et il en est de même, bien qu'ici l'intention paraisse beaucoup plus noire, de l'écrit intitulé : La *Fameuse Comédienne.* On croit avoir suffisamment fait pour enlever toute valeur à cette compilation d'aventures et de scandales de coulisses quand on a dit : C'est un pamphlet. Assurément, c'est un pamphlet, et des plus venimeux et des plus condamnables, puisque l'auteur se cache sous le masque de l'anonyme ; mais enfin les honnêtes femmes, celles dont la vie modeste et régulière appelle le respect et repousse le soupçon, ne reçoivent point de ces flèches qui s'enfoncent en plein dans l'honneur. Avoir fourni prétexte à un pareil écrit, c'est déjà une assez mauvaise note : de tels coups ne frappent que ceux qui s'y exposent.

Le livre est trop connu pour que je m'attache à l'examiner. On a dit et redit que les seules imputations précises et saisissables qu'il contienne s'évanouissent quand on les examine de près, le flambeau de l'histoire à la main. Mais les nouveaux champions d'une vertu fort problématique n'ont pas l'honneur de la démonstration. Cette preuve, M. Bazin avait déjà essayé de la fournir, il y a maintenant près de quarante ans, et la voici résumée en quelques lignes.

Le pamphlétaire suppose qu'Armande était la maîtresse de l'abbé de Richelieu au moment où son mari fit jouer la *Princesse d'Elide,* pièce dans laquelle elle remplissait le rôle de la princesse. Il ajoute : « A peine fut-elle à Chambord, où le roi donnait ce divertissement à toute la cour, qu'elle devint folle du comte de Guiche, et le comte de Lauzun éperdument amoureux d'elle. » Par dépit des froideurs du premier, elle se serait jetée dans les bras du second.

Or, il se trouve que ce n'est pas à Chambord, mais à Versailles, pendant les fêtes brillantes données en mai 1664, que la *Princesse d'Elide* fut représentée pour la première fois. M. Bazin remarquait de plus qu'à cette époque, des trois amants prêtés à la Molière par le libelle, l'un, l'abbé de Richelieu, était en Hongrie ; le second, le comte de Guiche, en Pologne ; ce qui, ajoutait-il, dispense de chercher s'il n'y aurait pas aussi un alibi pour le troisième.

Tout ce qu'on a écrit depuis sur ce sujet n'est que le développement de ces deux courtes observations. Mais le judicieux auteur des *Notes historiques sur la vie de Molière* ne concluait point de ces erreurs (dont l'une au moins, celle qui concerne le comte de Guiche, est loin d'être certaine), il ne concluait point, dis-je, de ces erreurs à la pureté immaculée de celle dont elles attaquaient l'honneur ; surtout il se gardait bien de noircir le mari afin de mieux blanchir la femme. Tout en tenant le libelle pour une pure infamie, il ne se croyait point obligé de venger l'honneur d'Armande et se disait au contraire disposé à abandonner volontiers la femmme Guérin « au caquet de ses pareilles ».

*La Fameuse Comédienne* est certainement le produit d'une détestable inspiration ; mais, au point de vue purement littéraire, l'œuvre ne manque pas de valeur. La pensée génératrice est odieuse, l'exécution remarquable. Cet écrit est certainement né dans les coulisses, car il dénote une profonde connaissance des mœurs et de la vie des comédiens ; il part d'une femme, d'une comédienne, car il y a, au fond de ces honteuses révélations, une certaine haine féminine, de la rancune de comédienne envieuse et humiliée. Mais, je tiens à le redire, si c'est une femme qui l'a inspiré, c'est un homme, son mari ou son amant, qui a dû le rédiger ; le style, la touche, sont d'un homme et d'un homme habitué à manier la plume. L'un et l'autre étaient familiers avec le monde qui s'agite sur les planches, et l'on sent un courant de vérité circuler dans tous les renseignements qu'ils nous donnent sur ce milieu et sur les faits généraux qui se rapportent à l'histoire du théâtre dont Molière et sa veuve furent les directeurs.

Voilà pourquoi *La Fameuse Comédienne*, quelque haineuse et répréhensible qu'en soit l'intention, n'est point cependant une source d'informations à négliger. Un mince filet d'eau pure circule au milieu de ce marécage. L'auteur ménage bien plus Molière que sa femme : un passage outrageant pour ses mœurs ne figure pas dans l'édition sans lieu ni date que M. Livet a reproduite et regarde comme la plus ancienne : ce serait une interpolation. On sent que l'auteur a connu le grand poète, qu'il a pénétré dans son intimité, vu de près ses chagrins domestiques et peut-être même recueilli ses doléances. Je fais ici allusion à la célèbre conversation dans le jardin d'Auteuil, entre Chapelle et son illustre ami, la page la plus étonnante du livre, la plus impossible à expliquer si l'on n'y veut voir qu'un simple artifice de narration, imaginé par l'auteur pour varier la forme du récit. Bayle ne s'y est pas trompé : il a accordé à ce passage toute la valeur d'un document historique. C'est bien de l'histoire, en effet, de la plus intime et de la plus vraie. Ces épanchements d'une âme tendre et blessée, ces déchirements d'un cœur malade, ces faiblesses d'un esprit aimant, trop clairvoyant pour ne pas voir l'indignité de la chaîne qu'il porte et trop épris pour la briser, tout cela est d'une vérité à laquelle la fiction ne saurait atteindre. On aura beau objecter que Molière, dans cette page admirable, parle de la folle passion que sa femme, peu de temps après son mariage, aurait conçue pour le comte de Guiche, et revenir sur le prétendu alibi signalé par M. Bazin. L'alibi n'est nullement prouvé, et je renvoie ceux qui seraient tentés de me contredire à l'article *Guiche* du *Dictionnaire historique* de Prosper Marchand, article que M. Walkenaër déclare très exact.

# VI

## La vérité sur Mme Molière.

Guichard est un ennemi irrité, l'auteur de *Là Fameuse Comédienne*, un envieux atrabilaire ; mais voici un troisième témoin auquel on ne connaît aucun mauvais sentiment qui puisse justifier l'opinion peu flatteuse par lui émise sur la vertu de Mlle Molière. Aussi glisse-t-on d'ordinaire sur son temoignage et ne le mentionne-t-on que pour mémoire, sans paraître y attacher aucun prix.

Celui-ci est un curieux, un collectionneur de renseignements biographiques ; il s'appelait Nicolas de Tralage, et ses manuscrits sont conservés à la bibliothèque de l'Arsenal. Tralage était au courant des secrets de la vie galante à Paris et des scandales qui se produisaient dans les ménages par ses rapports de famille avec le lieutenant de police La Reynie.

Il dresse, dans des notes du reste assez informes, une sorte de catalogue des comédiens de son temps qui se livrent à une vie déréglée, et il y inscrit : « La femme de Molière, entretenue à diverses fois par des gens de qualité et séparée de son mari. » Ces derniers mots nous donnent la date approximative de la note, qui doit avoir été écrite vers l'année 1666, après la première représentation du *Misanthrope*, époque où Molière rompit, en effet, avec sa femme, sans cesser toutefois d'habiter le logis conjugal. Le mot *séparée*, qui semble indiquer une séparation judiciaire, est trop fort, et il faut en dire autant du mot *entretenue*. Armande, commune en biens avec son mari, jouissait d'une trop grande aisance pour jouer le rôle d'une lionne pauvre, et Molière n'eût pas continué à vivre sous le même toit que sa femme si elle eût fait trafic de ses charmes. Leur existence pendant plusieurs années fut une alternative de longues brouilles et de courts raccommodements, et, si elle donna alors quelques coups de canif dans le contrat, elle put dire qu'elle trouvait une excuse dans les agissements de son mari. Toujours irritable, toujours nerveux, toujours épuisé ou surexcité par les fatigues de la production littéraire, il cherchait des consolations auprès de M^lle^ de Brie, qui avait son appartement dans la maison même où il logeait, consolations innocentes peut-être, mais assez suspectes néanmoins pour justifier les rebuffades, les récriminations et même les représailles de l'épouse légitime.

Quant à la conduite d'Armande après la mort de son mari, je veux bien croire avec M. Édouard Thierry, dans sa préface au registre de La Grange, que « veuve et libre, aussitôt qu'elle ne dut compte qu'à elle-même, elle s'interdit d'être coquette ». Je ne puis cependant me défendre de remarquer que c'est très peu de temps après cette conquête de sa pleine liberté que se placent l'affaire Guichard, dont l'issue fut un échec pour sa réputation, et l'aventure du président Lescot.

Je sais bien qu'il est de mode de voir dans cette scandaleuse aventure un triomphe pour l'honneur de la belle veuve et un hommage rendu par la justice à sa bonne réputation.

Tout dépend ici de la manière de voir : la mienne diffère un peu de celle-là.

Rappelons l'histoire en quelques mots :

François de Lescot, président au Parlement de Grenoble, était un débauché connu par ses aventures galantes. Riche et peu habitué à rencontrer des cruelles, il entreprit de joindre la Molière à la liste de ses conquêtes et s'adressa dans ce but à une entremetteuse, la Ledoux. Dans le nombre des jolies pécheresses dont cette femme disposait se trouvait une fille La Tourelle, qui ressemblait tellement à M^me Molière que, même de près, beaucoup de gens s'y trompaient. Abusé par cette extraordinaire ressemblance, Lescot se crut en possession de la belle comédienne. La Tourelle remplit à merveille son rôle de Sosie femelle, opposa d'abord d'habiles résistances, refusa quelque temps un collier que son heureux amant lui offrait et ne céda que sur la promesse formelle qu'il ne lui parlerait point, au théâtre, devant ses camarades. Un soir il manqua à cette promesse et s'introduisit dans la loge de la véritable Molière, qui s'y déshabillait après avoir joué le rôle principal dans *Circé,* tragédie de Thomas Corneille. Un éclat s'ensuivit : ne comprenant rien aux familiarités qu'il se permettait, Armande jeta des cris, et comme Lescot, irrité, lui arrachait un collier qu'il croyait reconnaître pour celui dont il avait gratifié La Tourelle, elle appela la garde qui arrêta le malencontreux président.

C'est, à cent dix ans de distance, comme une première répétition de l'affaire du *Collier,* qui devait porter un coup si terrible à la reine Marie-Antoinette. Rien ne manque à l'exactitude du parallèle, pas même le collier. Ici, toutefois, ce fut l'entremetteuse, la Ledoux, qui, moins heureuse que M^me^ de la Motte, resta entre les mains de la justice ; La Tourelle, dont plus tard la demoiselle Oliva reprit le rôle, parvint à s'enfuir.

Mieux traité que ne le fut le cardinal de Rohan, Lescot, qui n'avait insulté qu'une reine de théâtre, fut, dès le lendemain de son arrestation, mis en liberté sous caution. Une sentence du Châtelet, du 17 septembre 1675, confirmée un mois après par la cour, le condamna simplement à faire à M^lle^ Molière une réparation verbale en présence de témoins. Les intrigantes dont il avait été dupe furent plus durement traitées. Toutes deux devaient être fustigées, nues, devant la principale porte du Châtelet et devant la maison de la demoiselle Molière. La Ledoux seule subit cette peine, sa complice s'étant évadée.

Assurément la réparation était éclatante ; mais je reprendrai ici une idée déjà exprimée plus haut : les honnêtes femmes, celles dont la renommée est intacte, n'ont jamais à en réclamer de pareilles. On ne répare que ce qui périclite. Ne fallait-il pas que la réputation de Mlle Molière fût bien compromise pour qu'un libertin trouvât tout simple d'acheter ses faveurs ? Et l'on ajoute singulièrement à la gravité de cette observation, si l'on admet que La Tourelle avait déjà maintes fois profité de sa ressemblance avec Mlle Molière d'une façon très lucrative, dans l'exercice de son métier, en se faisant passer auprès des naïfs et des ignorants pour la brillante comédienne de la rue Guénégaud. C'est là un fait avancé par l'auteur de *La Fameuse Comédienne* et que M. Larroumet aurait bien dû ne pas lui emprunter, car il tendrait à prouver que la mauvaise réputation d'Armande était un fait de commune renommée.

On me demandera ma conclusion. La voici : Mlle Molière ne fut ni meilleure ni pire que la plupart des actrices de son temps. Ne la faisons ni trop blanche ni trop noire ; ne prononçons ni son panégyrique ni sa condamnation. Je l'ai dit ailleurs, et je me plais à le répéter ici : « Dans le milieu et à l'époque où elle vivait, et bien que les mœurs théâtrales ne fussent point alors aussi débordées qu'elles le devinrent au siècle suivant, Armande restée pure, dans une ligne de conduite décente, eût été une comédienne anormale, un véritable phénomène dont l'étrangeté aurait frappé les contemporains ; de nombreux écrivains nous eussent transmis le souvenir de ce prodige. On aurait cité la jeune actrice à titre de curieuse exception, comme on cite M^lle^ Beauval, sa camarade de théâtre (1). »

Ces idées ne sont pas celles d'un moliériste à chevrons, sur lequel je reviendrai tout à l'heure, et qui a écrit un panégyrique en règle d'Armande, publié à la fois par le *Gaulois* et le *Figaro*. Mais j'ai le plaisir de voir qu'elles viennent d'être adoptées, bien que timidement et avec quelque atténuation, par le jeune écrivain que je nommais tout à l'heure, dans sa remarquable étude sur la femme de Molière. Parlant des soupçons qui continueront, quoi qu'on fasse, à peser sur les mœurs de cette coquette égoïste et d'esprit borné : « Prétendre, écrit-il, qu'elle fut une épouse irréprochable serait aussi hasardeux qu'affirmer son inconduite. Il n'y a pas, dit-on, de fumée sans feu, et

(1) *Les points obscurs de la vie de Molière*, p. 302.

ici la fumée est particulièrement épaisse et noire. » Assurément, et l'on peut, sans craindre d'être jamais convaincu de verser dans la calomnie, se montrer plus affirmatif et dire avec M. Brunetière : « Malgré quelques tentatives de réhabilitation, il est certain que Mlle Molière ne fut pas une Lucrèce (1). »

(1) *Études critiques*, p. 189.

## VII

### Un beau trait controversé.

M. Auguste Vitu n'est pas seulement un moliériste entendu et fort compétent, c'est aussi un archéologue. Le moliériste recherche toutes les demeures qu'a habitées notre grand poète comique ; l'archéologue les décrit et en analyse les titres. C'est le moliériste qui a prouvé que Molière mourut au n° 40 de la rue Richelieu, mais c'est l'archéologue qui a publié les titres de quantité d'autres maisons qui n'ont d'autres rapports avec celle-là que d'être situées dans la même rue. Au lieu d'appeler son livre : *La maison mortuaire de Molière*, que ne l'a-t-il intitulé : *Histoire de la rue Richelieu !* Il eût évité l'ennui de s'entendre dire qu'il avait consacré moins de 40 pages à son sujet et plus de 400 à ce qui ne l'est pas ; et l'ouvrage, qui est fort instructif, n'y eût rien perdu de son intérêt. M. Vitu fait partie de la *Société de l'histoire de Paris,* et l'on ne pourrait dire, tant il sait associer les deux qualités, si c'est le disciple de

Taschereau ou celui de Caumont qui publie, dans le Bulletin et dans les Mémoires de cette société, des études telles que celle qui concerne le *Jeu de Paume des Mestayers et l'Illustre Théâtre,* et celle qui a pour titre : *La maison des Pocquelins et la maison de Regnard aux piliers des Halles.*

C'est seulement de cette dernière que je veux entretenir mes lecteurs.

Molière naquit dans une maison située au coin de la rue Saint-Honoré et de la rue des Vieilles-Étuves, aujourd'hui rue Sauval. Le 30 septembre 1638, son père, Jean Pocquelin, qui venait d'épouser en secondes noces Catherine Fleurette, acheta une maison portant l'image de saint Christophe, et dont M. Vitu a retrouvé les titres. Il résulte de ces documents qu'elle était située, non pas sous les grands piliers de la Tonnellerie, comme l'ont pensé certains anciens biographes du poète, mais aux petits piliers, devant le pilori. Cette rectification topographique n'est pas, au fond, d'un grand intérêt ; ce qui importe davantage, c'est que, contrairement encore à l'opinion de ces biographes, l'adolescence de Molière ne s'écoula point dans cette maison. M. Vitu cite en effet divers baux desquels il résulte :

1° Que Pocquelin père n'a dû prendre personnellement possession de cet immeuble qu'après la Saint-Jean de l'année 1643. A cette époque, son fils, séparé de lui, selon toute vraisemblance, au moins depuis le 6 janvier précédent, époque où il s'était fait rendre son compte de tutelle, était domicilié rue de Thorigny, au Marais, avec sa nouvelle famille, les Béjart, ou tout près d'elle.

2° Que Molière, qui n'est pas né aux piliers des Halles, ne les habita jamais à quelque époque que ce fût de son enfance ou de son adolescence.

« Voilà, ajoute M. Vitu, une tradition dont il ne subsiste rien, et avec elle s'efface aussi l'influence attribuée sur sa vocation naissante au voisinage immédiat de la rue Mauconseil et de l'hôtel de Bourgogne (1). »

Trente-cinq ans après que Pocquelin père en fut devenu propriétaire, la maison où pendait l'image de saint Christophe tombait en ruines. Son propriétaire, qui, sans être prodigue, ne paraît pas avoir été un bon administrateur de sa fortune, chercha un capitaliste de bonne volonté qui consentît à lui prêter les fonds nécessaires pour les réparations. Ce fut Molière, comme on sait, qui, sans se faire connaître, et sous le nom de son ami le savant Jacques Rohault, prêta en deux fois à son père les dix mille livres que devaient coûter les travaux, et pour lesquelles ce dernier constitua une rente perpétuelle de cinq cents livres au profit de Rohault, qui la rétrocéda tout de suite au véritable créancier.

(1) *Mémoires de la Société de l'histoire de Paris*, t. XI, p. 256.

Quelle est au juste la valeur morale de cette action, et faut-il y voir un trait de piété filiale, celui d'un fils qui, connaissant l'embarras de son père, avec lequel il est brouillé, et voulant ménager sa susceptibilité, vient délicatement à son secours en se dissimulant sous le nom d'un tiers? C'est ainsi qu'on en avait jugé jusque dans ces derniers temps, et tel était le sentiment d'Eudore Soulié, dont les sagaces et patientes investigations ont tant contribué à éclairer l'histoire de notre grand poète comique.

M. Vitu en a jugé autrement, et il a presque réussi à retourner l'opinion sur ce point.

Le 15 janvier 1881, jour anniversaire de la naissance de Molière, M. Ernest d'Hervilly fit jouer à l'Odéon une petite pièce de circonstance en vers lestement tournés, dont la donnée reposait sur cette légende du poète se dissimulant derrière Rohault pour secourir son père. C'est en rendant compte de ce spectacle dans le *Figaro* que M. Vitu eut occasion de prévenir le public que cet acte de piété filiale était purement chimérique, et déduisit les raisons de ce jugement, raisons qu'il reproduit aujourd'hui dans son étude sur la maison des Pocquelins.

Comme elles sont fort spécieuses et que celui qui les allègue jouit, en tout ce qui concerne l'histoire de Molière, d'une juste autorité, beaucoup se sentirent ébranlés. Un excellent juge, M. Sarcey, déclara même que les arguments de son confrère Vitu lui semblaient meilleurs que ceux d'Eudore Soulié.

Il s'agit ici d'un fait qui touche au caractère de Molière et au degré d'estime qu'il mérite : on me permettra donc d'y regarder d'un peu près. Cela est de toute autre conséquence que de savoir si le grand comique est mort au n° 42 ou bien au n° 40 de la rue Richelieu.

« Les conditions du contrat, disait M. Vitu dans le *Figaro* du 16 janvier 1881, étaient fort serrées et fort dures. Non seulement Rohault prenait hypothèque sur la maison des piliers des Halles, mais encore sur tous les autres biens meubles et immeubles de M. Pocquelin ; de plus, la somme étant destinée à la reconstruction de la maison qui menaçait ruine, M. Pocquelin s'obligea à justifier qu'elle aurait été employée en journée d'ouvriers et à subroger le prêteur dans le privilège du constructeur.

« Molière, en cette occasion, se conduisit moins en fils pieux qu'en homme d'affaires, père de famille lui-même. M. Eudore Soulié, qui avait découvert les contrats et les contre-lettres, eut la vision, dans l'enthousiasme bien naturel que lui causait sa trouvaille, d'un acte de délicatesse et de générosité qui ne s'accorde pas du tout avec les faits. N'est-il pas évident que la vraie générosité consiste, de la part d'un fils, à venir directement et sans bruit au secours de son père et non pas à lui faire prêter de l'argent par un tiers avec hypothèque et subrogation ? »

Mais, si ce fils est brouillé avec son père, s'il sait qu'offert directement par lui le prêt, dont ce père a cependant un urgent besoin, sera repoussé, comment veut-on qu'il agisse ? Lui reste-t-il, pour faire accepter ses bons offices, d'autre moyen que celui qui fut imaginé par Molière ?

« On devine un peu, ajoute M. Vitu dans sa récente étude sur la maison des Pocquelins, étude où il appuie à nouveau sur les clauses du contrat qu'il juge rigoureuses, on devine un peu sous ces précautions, d'ailleurs fort sages, que M. Pocquelin passait, même aux yeux du meilleur et du plus désintéressé des fils, sinon pour un père prodigue, du moins pour un homme qui laissait le désordre s'introduire facilement dans ses affaires. Molière, cette fois, pensa moins à son père qu'à sa fille ; ce fut, en effet, Madeleine Molière qui profita de cet acte de prévoyance. »

Pocquelin père, quand il fit cet emprunt, avait soixante-quatorze ans ; il était sur le bord de sa tombe, car il mourut moins de six mois après le premier prêt fait par Rohault et deux mois seulement après le second, c'est-à-dire au moment même où les travaux qui avaient motivé l'emprunt arrivaient à leur terme. Sans l'obligation à lui imposée de fournir dans les trois mois les marchés et devis représentant la somme prêtée, peut-on savoir ce que l'argent fût devenu ? N'eût-il pas été détourné de sa destination ? Pouvait-on compter sur la ferme volonté d'un vieillard d'esprit ambulatoire et entouré de mercenaires, car ses héritiers autres que son fils aîné étaient trois enfants mineurs ?

Molière ne voulait qu'une chose : s'assurer que le but auquel l'emprunt devait servir serait atteint. C'était si peu la solidité du placement qui le préoccupait qu'il ne se fit point subroger aux droits des ouvriers et constructeurs. Les quittances de ces ouvriers restèrent entre les mains de Pocquelin père, et elles figurent dans l'inventaire fait après le décès de ce dernier. Elles ne portent aucune subrogation, ni mention de l'origine des fonds, bien que, d'après les termes du contrat, elles eussent dû être remises au prêteur à titre de garantie.

On alléguera sans doute que le vieux tapissier n'avait pas seulement hypothéqué sa maison des piliers des Halles, mais tous ses autres biens, meubles et immeubles. Mais il ne possédait pas d'autre immeuble que cette maison, et quant à ses meubles, outre que les objets mobiliers ne sont pas susceptibles d'hypothèque, ils étaient si peu nombreux, si vieux et si délabrés, qu'ils ne furent à sa mort estimés que 1,263 livres 9 sous. Si l'on joint à cette somme 870 livres de numéraire qui furent trouvées dans un meuble et qui probablement lui restaient sur le second emprunt fait deux mois auparavant, on aura toute l'importance de sa succession. C'était là toute sa fortune, qui fut absorbée en partie par les frais funéraires et ceux de dernière maladie, et je voudrais bien qu'on me dît avec quoi il aurait servi la rente due à son fils, s'il eût pris fantaisie à ce dernier de la réclamer.

Loin donc que le prêt fait par Molière à son père fût « un acte de bonne administration en même temps qu'une affaire sûre et sérieuse », il était au contraire fort aventureux. « La maison ne représentait pas, en ce temps-là, un loyer supérieur à 500 livres, » nous dit M. Vitu, qui ajoute : « De sorte que Molière, propriétaire pour un tiers (comme héritier de son père pour pareille portion), se trouvait, comme créancier hypothécaire, en possession de la totalité des revenus. »

Puisque la maison ne rapportait que 500 livres et qu'elle était chargée d'impôts et de frais d'entretien, son revenu ne suffisait donc pas à assurer le service de la rente de pareille somme qui la grevait. La garantie qu'elle présentait était de tous points insuffisante. Qu'on demande au Crédit foncier s'il prêterait dix mille francs sur un immeuble tombant en ruine et qui, après sa reconstruction, ne devrait être loué que 500 fr. Ce serait beaucoup s'il avançait seulement moitié de ce capital.

Un fils seul pouvait être capable de cette généreuse imprudence. Ainsi, les faits, examinés de près, laissent à Molière tout le mérite de cette belle action, et je ne vois aucune raison solide pour rejeter les conclusions de M. Eudore Soulié, qui nous représente Pocquelin père, dans les dernières années de son existence, comme un vieillard morose, n'ayant pas réussi dans ses affaires, aigri par l'état de gêne où il se voit réduit, ne pouvant pardonner à son fils aîné, que dans ses derniers comptes il appelle amèrement *Monsieur Molière*, d'avoir quitté son nom et sa profession pour devenir comédien, rejetant les offres que dut lui faire ce fils à plusieurs reprises, et enfin le réduisant à se cacher pour lui venir en aide.

Je ne vais pas pourtant jusqu'à croire, avec le regretté auteur des *Recherches*, que Molière eut l'intention de ne point réclamer de ses cohéritiers les intérêts de sa créance hypothécaire ; si telle eût été sa volonté, il aurait anéanti les grosses des deux constitutions de rente, et sa veuve ne les eût pas trouvées à son décès en même temps que les contre-lettres souscrites par Rohault, contre-lettres rédigées en brevet, et qu'elle s'empressa de rapporter à son notaire, afin qu'il les mît au rang de ses minutes et lui en délivrât des expéditions. Si, jusqu'à sa mort, Molière ne réclama rien de ses cohéritiers, c'est que la maison n'était pas louée. Comment dès lors obtenir de ces copartageants, enfants mineurs dont tout l'émolument dans la succession de leur grand-père consistait en objets mobiliers sans valeur, qu'ils payassent les deux tiers leur incombant dans la rente de 500 livres dont cet immeuble sans produit était grevé? M. Vitu, en effet, n'a découvert aucun bail qui suive immédiatement la mort de Pocquelin père, arrivée en 1669 : le premier qu'il cite parmi ceux qui sont postérieurs à ce décès porte la date de 1698. La maison rapportait alors 540 livres; elle fut louée 750 livres en 1695 et 900 cinq ans après. C'est seulement en 1711 qu'une transaction intervint entre la fille de Molière, devenue M^me de Montalant, et les héritiers Pocquelin, au sujet des arrérages de la rente qui grevait la maison des piliers des Halles. Il fut alors convenu que M^me de Montalant toucherait les loyers jusqu'à extinction de l'arriéré, après quoi elle prélèverait sur ces loyers les 500 livres montant de la rente et partagerait le surplus par tiers avec les représentants des cohéritiers primitifs de son père.

Tels sont les faits résultant des actes authentiques sainement interprétés. S'ils laissent au service rendu par Molière à son vieux père tout son caractère délicat et désintéressé, il est impossible pourtant d'en déduire l'intention d'un don gracieux qui eût tourné au détriment de sa fille. Ils nous le montrent tel qu'il était en effet, bon fils en même temps qu'excellent père.

---

## VIII

### Si les restes de Molière ont eu le sort de ceux de Voltaire.

Le 1er octobre 1884, lors du deuxième centenaire de la mort de Pierre Corneille, M. le curé de Saint-Roch, ayant invité les acteurs du Théâtre-Français à assister au service solennel célébré dans son église, où l'auteur du *Cid* est inhumé, cette invitation souleva une fois de plus la question de savoir quel est le sentiment de l'Église à l'égard des comédiens et si elle les a jamais tenus pour exclus de la communion des fidèles. A cette occasion, M. Ch. Livet, à qui l'on doit d'excellentes éditions savamment annotées de quelques pièces de Molière, publia, dans le *Temps* du 2 octobre, un curieux article où il soutenait que les comédiens n'ont jamais été séparés de l'Église par une excommunication juridiquement valable, et que les foudres du clergé dirigées contre eux n'avaient qu'un caractère purement moral. L'opinion générale, ajoutait-il, est fausse sur ce point comme sur beaucoup d'autres.

J'avais, pour ma part, adopté une opinion absolument différente dans le livre intitulé : *Les points obscurs de la vie de Molière,* où je disais :

« La plupart des anciens rituels, se conformant en cela à l'opinion des Pères et de beaucoup de conciles, ont condamné la comédie et les spectacles. Le rituel de Paris de 1645 ordonne de rejeter les comédiens de la communion, et Jean de Gondi, premier archevêque de Paris, en 1625, ajouta même à cette prescription celle de priver de la sépulture ecclésiastique les comédiens qni refuseraient de renoncer à leur « profession infâme et indigne d'un chrétien », les sacrements ne devant leur être accordés, à l'article de la mort, que s'ils témoignaient leur repentir et promettaient, en cas de retour à la santé, de ne plus remonter sur le théâtre. Il y avait même, pour ces promesses, des formules toutes préparéees, et l'on en trouve quelquefois d'annexées aux actes d'inhumation des comédiens. »

Un écrivain qui jouit d'une compétence spéciale en matière d'histoire ecclésiastique, M. A. Gazier, examina la question dans la *Revue critique d'histoire et de littérature* du 3 novembre 1884 ; il adopta pleinement mes raisons, y joignit de nouveaux et solides arguments, et conclut en ces termes :

« C'est en vertu des lois en vigueur dans le diocèse de Paris que l'archevêque Harlay refusa d'enterrer Molière ; mais Louis XIV ayant dit : « Je le veux ! », le prélat courtisan, celui que Fénelon appelait faux et scandaleux, se souvint d'avoir lu dans *Tartuffe :*

Il est avec le ciel des accommodements.

Il imagina donc l'expédient que l'on sait ; il ordonna une enquête et permit d'enterrer Molière au cimetière Saint-Joseph, mais à la nuit noire (à huit heures du soir, en février !), comme s'il eût voulu cacher aux Parisiens la honte de sa capitulation. »

A mon avis, des motifs autres et plus sérieux expliquent la décision de l'archevêque de Paris en ce qui concerne les funérailles de Molière. Mais la doctrine de l'Église, relativement à l'excommunication des comédiens morts sans avoir témoigné leur repentir, étant bien celle qui vient d'être exposée, il faut reconnaître qu'elle vient à l'appui de certaine hypothèse d'après laquelle le corps de Molière ne serait point resté enseveli en terre sainte et en aurait été arraché pour être reporté dans un lieu non consacré, destiné à la sépulture des enfants mort-nés ou morts sans baptême, des suicidés et des excommuniés. C'est à M. Louis Moland, si connu par sa belle édition de Molière dont la réimpression se termine en ce moment (1), qu'est due cette hypothèse. Il l'a émise

(1) Au moment où ces lignes furent écrites, le dernier volume de cette réimpression (le premier par la tomaison) n'était

dans un curieux travail publié par le *Moliériste* de juin 1884, sous ce titre : *La sépulture ecclésiastique donnée à Molière.*

La question du lieu où fut inhumé le grand poète et de l'authenticité des reliques qu'on donne comme les siennes a déjà soulevé bien des controverses : elle ne peut manquer de revenir bientôt à l'ordre du jour. Le comité des inscriptions parisiennes, qui ne croit point du reste à cette authenticité, a en effet, sur le rapport de M. G. Monval, en date du 28 décembre 1881, remis à statuer définitivement touchant les réparations des tombes du Père-Lachaise, où Molière et La Fontaine sont censés reposer, jusqu'au jour où le Panthéon aurait été rendu au culte des grands hommes (1), ce qui est aujourd'hui un fait accompli.

Deux témoins oculaires présents à l'inhumation de Molière nous font connaître l'endroit précis où eut lieu

point encore publié. Il a paru peu après, précédé d'une biographie de Molière écrite avec soin, habileté, et surtout avec circonspection. C'est bien l'introduction qui convient à une belle édition de Molière qui s'adresse au grand public, lequel tient plus à connaître les résultats acquis qu'à discuter des problèmes et à pénétrer dans le vif des questions. L'auteur m'a, en maints endroits, fait l'honneur de me citer, pour m'approuver ou me combattre, deux preuves d'estime dont je lui suis également reconnaissant. La partie bibliographique n'est pas moins étudiée que la biographie.

(1) Le *Moliériste,* numéro d'avril 1882.

cette inhumation. Le premier, dans une lettre adressée à M. Louis Boyvin, prêtre, docteur en théologie, plus tard membre de l'Académie des inscriptions, écrit ce qui suit : « Le corps, pris rue de Richelieu, devant l'hostel de Crussol, a esté porté au cimetière Saint-Joseph et *enterré au pied de la croix.* »

Tel est le premier témoignage, dont la clarté ne laisse rien à désirer. Le second est celui de l'acteur La Grange, ami et camarade de Molière : « Son corps a été inhumé à Saint-Joseph, ayde de la paroisse Saint-Eustache : il y a une tombe eslevée d'un pied hors de terre. »

Il n'y a point, M. Moland le reconnaît, il n'y a point à se tromper sur la situation bien en vue de cette tombe, au milieu du cimetière, au pied de la croix. Donc, point de doute : Molière fut bien enterré en terre sainte.

Mais l'y laissa-t-on dormir en paix ?

Dans son *Parnasse françois,* livre imprimé en 1732, cinquante-neuf ans après la mort de Molière, Titon du Tillet écrit : « La veuve de Molière fit porter une grande tombe de pierre qu'on plaça au milieu du cimetière Saint-Joseph, *où on la voit encore.* »

Ces lignes semblent donner une éclatante confirmation aux témoignages de La Grange et du correspondant de l'abbé Boyvin, avec lesquels elles sont en parfaite harmonie, et si du Tillet n'avait rien écrit de plus, la question pourrait être tenue pour vidée, et l'on se demanderait pourquoi ceux qui dirigèrent les fouilles faites en 1792 pour retrouver les restes de Molière ne cherchèrent point le corps du poète à l'endroit indiqué par l'écrivain même sur lequel il s'appuyaient, car ces investigateurs ne connaissaient ni le registre de La Grange ni la lettre à Louis Boyvin, et n'avaient d'autre guide que du Tillet.

C'est que l'auteur du *Parnasse françois,* aussitôt après ces lignes, en ajoute d'autres qui sont le fondement de l'opinion adoptée par les investigateurs dont on vient de parler et qui relatent la tradition à laquelle ils crurent devoir ajouter foi.

« Cette pierre, continue-t-il, est fendue par le milieu ; ce qui fut occasionné par une action très belle et très remarquable de cette demoiselle. Deux ou trois ans après la mort de Molière, il y eut un hiver très froid. Elle fit voiturer cent voies de bois dans ledit cimetière, lequel bois fut brûlé sur la tombe de son mari, pour chauffer tous les pauvres du quartier : la grande chaleur du feu ouvrit cette pierre en deux. Voilà ce que j'ai appris, il y a environ vingt ans, d'un ancien chapelain de Saint-Joseph, qui me dit avoir assisté à l'enterrement de Molière, *et qu'il n'était pas sous cette tombe, mais dans un endroit plus éloigné, attenant à la maison du chapelain.* »

C'est sur cette dernière phrase, c'est sur l'autorité de ce vieux chapelain, relatant des faits accomplis depuis près de quarante ans, que les deux commissaires délégués par la section dite de Molière et de La Fontaine s'appuyèrent pour diriger les fouilles opérées le 6 juillet 1792, dans le but de retrouver les restes du premier de ces poètes. Voilà ce qu'ils appellent dans leur procès-verbal *les historiens contemporains et la tradition non suspecte.* C'est cette phrase aussi qui sert de base à l'hypothèse de M. Moland et qui a eu le don de le faire changer d'opinion touchant la sépulture de Molière, car, dans sa première édition des œuvres du grand poète comique, il s'était très nettement prononcé pour l'inhumation en terre sainte.

Il est cependant bien suspect, ce racontar du vieux chapelain, dont l'auteur du *Parnasse françois* ne nous fait pas même connaître le nom, et je l'ai jadis assez irrévérencieusement traité de radotage. Laissons de côté ce qu'offre d'étrange et d'invraisemblable l'idée de cette veuve si empressée à détériorer par l'action du feu la tombe qu'elle vient d'élever et qu'elle doit pourtant avoir à cœur de conserver intacte. La moindre réflexion devait lui dire que cent voies de bois (quelque chose comme 192 stères), même brûlées en plusieurs fois, allaient nécessairement faire fendre et éclater la dalle funéraire. Ne nous demandons pas davantage pourquoi cette veuve fantasque a imaginé de faire poser une pierre commémorative près de la croix, au beau milieu du cimetière, quand le corps que ce monument avait pour but de protéger et d'honorer restait gisant bien loin de là, sans aucun indice extérieur qui rappelât et conservât sa mémoire. Ne nous attachons qu'à la phrase du vieux Chapelain où le lieu de la véritable sépulture est indiqué. Eh bien, cette phrase, prise au pied de la lettre, est en contradition absolue avec d'autres témoignages bien autrement autorisés. Que dit le chapelain dans cette phrase laconique ? Rien autre chose que ceci : « J'ai assisté à l'enterrement de Molière, et il n'est pas sous cette tombe, mais dans un endroit plus éloigné. » Mais La Grange aussi a assisté à l'enterrement ; le correspondant de l'abbé Boyvin y assistait également, en même temps que cent autres personnes ; l'un et l'autre s'accordent pour attester que le corps fut bien inhumé au pied de la croix, à l'endroit même où fut posée la pierre ; et du Tillet ajoute que la tombe se voyait encore en 1732, cinquante-neuf ans après la mort de Molière.

Pour tirer de la phrase du chapelain ce qu'on en déduit aujourd'hui, voyez que de choses il faut lui faire dire et que d'additions on doit faire au texte ! Il faut supposer que ce texte signifie : « J'ai vu enterrer Molière au milieu du cimetière, mais je sais qu'on ne l'a pas laissé en ce lieu et qu'on l'a transporté loin de là, près de la maison du chapelain. » L'ellipse est forte, assurément, et, pour faire sortir tant de choses de si peu de mots, il n'est pas mal de posséder un talent recommandé par M. Renan, l'art de solliciter doucement les textes.

M. Moland incline à croire que la veuve du poète fut dans le secret du déplacement, et qu'ainsi s'expliquent l'acte d'absurde imprévoyance dont elle se rendit coupable et ces cent voies de bois brûlées sur la pierre tombale : elle savait que cette pierre ne recouvrait qu'une sépulture vide ; il y avait incurie, ineptie, mais non profanation.

Je le veux bien ; mais, si elle était dans le secret, comment ce secret fut-il si bien gardé ? Comment personne n'en sut-il rien, ni son second mari, ni sa fille, ni ses camarades de théâtre, ni personne de son entourage, ni aucun des illustres amis que Molière comptait dans les lettres et dans les arts, et dont quelques-uns au moins auraient dû s'indigner et révéler le mystère à la postérité ? De plus, comment comprendre qu'elle eût élevé le monument sur une sépulture qu'elle savait vide ? Car, remarquons-le, M. Moland suppose que la bière fut déplacée dans la nuit même qui suivit l'inhumation, et par conséquent bien avant la construction du mausolée.

Cela dit, et cette large part faite aux objections, qui sont capitales, comme on voit, je reconnais que l'opinion de M. Moland a le grand avantage d'expliquer plusieurs choses singulières et surprenantes.

La conduite des investigateurs de 1792 d'abord. Les commissaires délégués par la section de Molière et La Fontaine étaient un architecte nommé Moreau et le citoyen Fleury, chapelain et desservant de la chapelle Saint-Joseph, rue Montmartre. En réalité, ce fut ce dernier, successeur à long intervalle de ce vieux chapelain dont du Tillet nous a transmis le récit, qui seul dirigea l'opération, l'arrêté qui le nommait l'ayant adjoint à l'architecte « à l'effet de donner et de prendre tous les renseignements nécessaires. »

Cet homme conduisit les recherches d'une facon si étrange que cette bizarrerie même porte à croire qu'il avait des raisons sérieuses d'agir comme il le fit. Il connaissait, et son procès-verbal en fait foi, certaine page de d'Olivet dans le second volume de la suite donnée par cet abbé à l'*Histoire de l'Académie française,* de Pellisson, page où il est dit que La Fontaine, mort le 13 avril 1695, fut enterré le lendemain « dans le cimetière Saint-Joseph, à l'endroit même où Molière avait été mis vingt-deux ans auparavant. » Le plus simple bon sens voulait donc que Fleury cherchât les deux amis au même endroit, l'un à côté de l'autre. Point du tout : le 6 juillet 1792, il va droit au mur de la petite maison bâtie en terre profane à l'extrémité du champ funéraire. C'est là qu'il fouille et qu'il trouve ou croit trouver Molière ; puis, quatre mois et demi après, il fait creuser au pied de la croix, au milieu de l'enclos réservé aux fidèles, et il y découvre les restes de La Fontaine, ou plutôt il s'imagine les découvrir, car l'acte de décès du fabuliste atteste qu'il fut inhumé, non au cimetière Saint-Joseph, mais bien dans celui des Innocents.

Pourquoi scinder ainsi le récit de l'abbé d'Olivet, qui de sa nature était indivisible ? Pourquoi lui prêter confiance en ce qui concerne le corps de La Fontaine et le rejeter en ce qui touche la sépulture de Molière, que ce même récit disait être inhumé au même endroit ? Pour agir ainsi, ne fallait-il pas que Fleury fût en possession d'une tradition perpétuée parmi les chapelains de Saint-Joseph, celle que l'un de ses prédécesseurs avait révélée à Titon du Tillet, et qui assignait à la sépulture du poète comique une place différente de celle où ses restes avaient d'abord été déposés ?

On creusa donc près du mur de cette petite maison, qui était apparemment la demeure des anciens chapelains, et l'on mit à nu un cercueil de chêne d'un pouce d'épaisseur, « ainsi qu'il a paru par les fragments déposés avec les ossements dans une terre sablonneuse à trois pieds de profondeur. »

Voilà un second fait bien remarquable : au lieu indiqué par la tradition dont Fleury a le dépôt, il y a une bière de chêne, et la fosse qui la contient n'a pas cinq pieds de profondeur, comme les fosses ordinaires, mais trois pieds seulement, ce qui semble indiquer qu'elle a été creusée à la hâte.

J'ai dit que le secret, si secret il y eut, fut bien gardé et qu'il n'en perça rien. Voici pourtant un rimailleur normand qui semble y avoir été initié. Il s'appelait Les-Isles-Le-Bas et a publié, en 1674, un an après la mort de l'auteur du *Tartuffe*, un petit volume où se lit un sonnet « sur la sépulture de Jean-Baptiste Poclin, dit Molière, comédien, au cimetière des morts-nés à Paris. » Ce sonnet se termine par le tiercet suivant :

> O le lugubre sort d'un homme abandonné !
> Molière, baptisé, perd l'effet du baptême,
> Et dans sa sépulture il devient un mort-né.

L'auteur a-t-il cru que le cimetière Saint-Eustache servait exclusivement aux enfants morts avant d'être baptisés, ou bien a-t-il été instruit du changement opéré dans la dernière demeure de Molière? La haine qui éclate dans son sonnet semble indiquer qu'il n'a pas parlé à la légère.

Ainsi les concessions faites par l'archevêque Harlay de Champvalon aux volontés de Louis XIV n'auraient été qu'apparentes. Elles étaient cependant bien légères, ces concessions, et entourées de bien des restrictions : enterrement sans aucune pompe, la nuit, avec deux prêtres seulement ; défense de célébrer aucun service pour le défunt en quelque église que ce fût ; simple permission au curé de Saint-Eustache de donner la sépulture ecclésiastique : rien de plus ; pour tout le reste, le défunt était traité en excommunié. Le curé de Saint-Eustache, qui avait opposé un refus si catégorique à la veuve de Molière, jugea-t-il que, malgré tant de restrictions, la faveur accordée par son supérieur était encore exorbitante ? Il était maître absolu dans les cimetières dépendant de sa paroisse ; une fois le cortège sorti de l'enceinte funèbre, et les portes fermées, le cercueil était à lui ; il en pouvait disposer à son gré ; rien de plus facile que de le faire transporter hors du lieu consacré ; deux hommes suffisaient à l'opération.

Ainsi, la violation des sépultures de Voltaire et de Rousseau ne serait pas un fait sans précédent, et l'analogie des deux scènes lugubres est frappante. C'est la nuit aussi que les deux grands écrivains du dix-huitième siècle furent arrachés de leurs tombes et emportés loin du Panthéon, hors de Paris, en rase campagne, dans une fosse creusée à l'avance. Telle est du moins la version que Victor Hugo nous a transmise, sans dire, il est vrai, de qui il la tenait (1). Si elle est exacte, et certains faits donnent lieu de le croire, elle corrobore singulièrement la thèse de M. Moland relative à l'exhumation de Molière aussitôt après son enterrement.

Je n'ai point à me prononcer sur cette thèse, dont

(1) Voyez le *Temps* du 28 février 1885.

j'ai exposé le fort et le faible : chacun jugera. Je me borne pour toute conclusion à souhaiter que les prétendus restes de Molière et de La Fontaine soient laissés au Père-Lachaise, où ils courent beaucoup moins de risque qu'au Panthéon. Je tiens ceux de La Fontaine pour parfaitement apocryphes et l'authenticité de ceux de Molière pour bien douteuse. Mais qu'importe que les deux illustres amis soient ou non sous ces deux humbles mausolées ? Si la foule des visiteurs est persuadée qu'ils y sont, tout est pour le mieux. L'enquête qui précéderait nécessairement le transfert au Panthéon ne pourrait que nuire au but qu'on se proposerait en décidant cette translation. Après tout, les mausolées qu'on élève aux grands hommes ont moins pour but de conserver leurs dépouilles que de glorifier leur mémoire et leurs œuvres. L'opinion publique peut s'abuser sur l'authenticité de la relique offerte à ses respects ; elle ne se trompe point sur le véritable objet de son culte.

# IX

## L'excommunication des comédiens.

Au sujet des études qui précèdent, M. Ch.-L. Livet a adressé au *Temps,* qui l'a publiée dans son numéro du 7 novembre 1884, la lettre suivante :

*Deux mots à M. Loiseleur, à propos de Molière.*

M. Loiseleur vient de publier dans le *Temps* une nouvelle série de ses savantes et consciencieuses études critiques. Ses recherches sont, cette fois encore, consacrées à Molière. Sur quelques points, avec cette courtoisie et cette bienveillance qui devraient toujours accompagner les discussions littéraires, il conteste les conclusions auxquelles mes propres études m'avaient conduit, et notamment une thèse que j'avais soutenue dans ce journal même. Je regarde comme un devoir de montrer à nos lecteurs que je les respecte assez pour n'avoir pas parlé à la légère.

Je suis d'accord avec M. Loiseleur sur ce point, que la femme de Molière, Armande Béjart, est bien la fille et non la sœur de Madeleine Béjart. Aux raisons qui avaient formé mon opinion, il ajoute même des arguments nouveaux qui la confirment.

Je suis d'accord aussi avec M. Loiseleur lorsqu'il combat un récent article de la *Revue des Deux-Mondes*, où l'auteur essaye de rompre en visière à la croyance générale, à la tradition universelle qui veut que Molière ait été l'amant de Madeleine Béjart postérieurement à la naissance d'Armande.

Mais M. Loiseleur pense et croit certain que Molière a été condamné par sa femme à jouer dans la vie le rôle de Sganarelle. Ici, je demande à conserver mes doutes, et voici pourquoi :

Que Molière, qui était jaloux, ait été malheureux avec une femme coquette, voilà qui ne surprendra personne. Mais sa jalousie s'appuyait-elle sur des faits coupables ? Où l'on affirme, j'hésite. Jamais, en effet, la vertu d'Armande n'a été attaquée que par des ennemis ou des intéressés, et toujours dans les termes les plus vagues. Dans un de ces petits romans à scandale, écrits à l'aide de faits connus de tous et de récits imaginaires, et qui pullulèrent en France après le succès de l'*Histoire amoureuse des Gaules*, un de ces petits romans comme les *Mémoires* de Marie Mancini, etc., le pamphlétaire émit contre Armande, en termes exprès, l'accusation d'adultère ; et, pour mieux prouver son dire, il cite la date des infortunes de Molière et le nom de quatre de ces heureux collaborateurs : c'est là que nous le prenons en défaut.

En effet, à la date des fêtes de Versailles, mai 1664, le comte de Guiche était en Pologne. Une lettre de lui au chancelier Séguier, et que nous avons citée dans notre édition de la *Fameuse Comédienne*, en est une première preuve, que vient confirmer un passage du Journal des voyages de Monconys. L'abbé de Richelieu avait quitté Paris dans les premiers jours de mars, pour aller guerroyer en Hongrie, et, tombé malade à Venise, où il mourut au retour, il ne devait pas revoir la France. Lauzun n'était pas à Versailles. Le lieutenant aux gardes de service à Versailles était un vieillard, couvert de blessures, pauvre et chargé de famille. En outre, les médecins diront si M^lle^ Molière, qui venait d'accoucher, six semaines avant les fêtes, était une conquête désirable et facile. Enfin, le jugement rendu contre le président Lescot montre l'estime dont la Molière était l'objet ; on n'aurait pas condamné le président pour une peccadille s'il avait adressé ses hommages et plus tard ses injures à une femme de vertu suspecte. Cette même femme est épousée en secondes noces par un homme dont tous les contemporains ont vanté les sentiments d'honneur ; comédien comme elle, il la connaissait bien et ne lui aurait pas donné un nom respecté s'il n'avait eu confiance en ses bonnes mœurs.

J'arrive à l'excommunication des comédiens. M. Loiseleur a eu contre moi deux auxiliaires : l'un, M. Gazier, s'est rallié à mon opinion dans l'article où il a reconnu qu'il n'avait pas pris le mot excommunier dans le sens strict, légal, canonique où je l'avais pris, où il faut le prendre; l'autre est M. Monval.

A M. Loiseleur je demande :

L'excommunication collective était-elle admise en France? Non. Molière ne pouvait donc être excommunié *de plano* à cause de sa profession.

Les officiers du roi pouvaient-ils être excommuniés dans l'exercice de leur emploi? Non. Molière, comédien du roi, officier du roi, était donc couvert contre l'excommunication par la personne du souverain.

L'excommunication pouvait-elle être prononcée contre un particulier sans un grand nombre de formalités, monitoire, affiches, appel devant un tribunal ecclésiastique, etc., et trouve-t-on trace d'une seule de ces formalités contre Molière ou même contre un comédien quelconque, soit avant, soit après le fameux édit de 1641 ? Non.

Un excommunié pouvait-il tenir un enfant sur les fonts baptismaux? Non. Or, Molière a été plusieurs fois parrain, et vingt autres comédiens avec lui.

Un excommunié pouvait-il se marier à l'Église? Non. Or, Molière a reçu d'un prêtre la bénédiction nuptiale.

Un excommunié peut-il communier? Non. Or, Molière a communié sûrement à Pâques 1672, et probablement les années précédentes.

Tout ceci paraît péremptoire contre la thèse de l'excommunication, thèse combattue d'ailleurs par le chef reconnu de l'école théologique française, le cardinal Gousset.

Le cardinal Gousset, en effet, après avoir discuté les textes de tous les conciles relatifs aux comédiens, après avoir compulsé tous les rituels du dix-septième siècle, déclare formellement que, dans la doctrine de l'Église, les comédiens ne sont pas excommuniés et ne l'ont jamais été.

Reste la question de la sépulture ecclésiastique et des difficultés opposées par le clergé aux funérailles religieuses de Molière. Rien n'est plus facile à expliquer, sans recourir à l'excommunication.

Les comédiens étaient considérés comme pécheurs publics, de même que les concubinaires et les usuriers, c'est-à-dire que leur péché était connu du prêtre par la notoriété publique et non par la confession. Avant donc de leur conférer un sacrement ou de leur rendre les honneurs religieux, le prêtre avait le droit d'exiger d'eux, avant toute confession : 1° qu'ils eussent à témoigner de leur repentir; 2° qu'ils eussent à renoncer à leur péché. — Louis XIV renonçait à M^me^ de Montespan tous les ans à Pâques, la veille de la communion ; Molière renonçait à la comédie à la même époque chaque année. S'ils revenaient l'un et l'autre à leur péché, le roi et le comédien, c'était affaire entre eux et Dieu ; le prêtre n'avait rien à y voir.

Molière meurt dans les circonstances saisissantes que l'on connaît : il ne s'est pas confessé; peut-on l'enterrer avec les honneurs religieux, lui pécheur dont la faute est connue par la notoriété publique ? Évidemment non. Mais la veuve demande une enquête. L'enquête prouve que Molière, s'il ne s'est pas confessé, a du moins demandé un prêtre qui n'a pas voulu se déranger la nuit pour si peu, et un autre qui est arrivé trop tard. Dès lors, on n'hésite plus : Molière recevra la sépulture ecclésiastique, comme Madeleine Béjart et vingt autres comédiens, qui ont même été enterrés dans les églises. — Mais, reprend-on, Molière a été inhumé le soir et sans la pompe habituelle. — Simple mesure de prudence. Sa mort subite, presque sur le théâtre, avait fait une telle impression sur une populace bêtement superstitieuse que, même à l'heure tardive fixée pour la cérémonie, la veuve dut paraître au balcon et parler à la foule, ce qu'elle fit avec une éloquente émotion, pour calme. l'exaspération populaire et protéger le modeste convoi ; sa harangue, ses larmes, ne suffirent pas : il lui fallut répartir entre quatre à cinq mille personnes une somme de 1,000 livres, équivalant à 5,000 ou 6,000 fr. de notre monnaie.

Si dans cette triste affaire le clergé a eu un tort, et il l'a eu, ce n'est pas d'avoir excommunié Molière, ce n'est pas de ne lui avoir accordé la sépulture ecclésiastique qu'après enquête ; c'est d'avoir laissé le peuple, qu'il était chargé d'instruire, dans son fanatisme, aussi absurde, aussi barbare que superstitieux.

Pour nous résumer, il faudra que M. Loiseleur nous permette de n'être pas d'accord avec lui, puisqu'il n'est pas d'accord avec nous. Nous le prions donc de nous laisser cette double croyance : que Molière, s'il a été Alceste, n'a pas été... Sganarelle, et qu'il n'a pas vécu, qu'il n'est pas mort excommunié — ce qui, d'ailleurs, importe assez peu à sa mémoire, et ne peut ni grandir ni diminuer la gloire immortelle de son nom.

Ch.-L. Livet.

Vichy, 4 novembre 1885.

*Réponse de M. Loiseleur.*

Je remercie mon aimable et savant confrère M. Livet des termes courtois et bienveillants dans lesquels il veut bien parler de moi et de mes modestes études. Je lui demande la permission de répondre brièvement à sa note, que M. Hébrard m'a communiquée.

Je laisse de côté la conduite d'Armande Béjart, matière délicate sur laquelle on pourrait discuter longtemps sans parvenir à s'entendre. Je me borne a répéter avec M. G. Larroumet, l'un de ses défenseurs pourtant, qu'il n'y a pas de fumée sans feu, et qu'ici la fumée est particulièrement noire et épaisse. Je remarque seulement que M. Livet ne dit rien de l'affaire Guichard, qui n'est pas à l'honneur de la veuve de Molière, non plus que de l'opinion de M. de Trallage sur son compte.

Passant tout de suite à la question des sentiments et des agissements de l'Église à l'égard des comédiens, je dirai qu'à mon avis il y a lieu de distinguer entre les principes que je crois avoir bien exposés et leur application. Le clergé introduisait dans cette matière des distinctions et usait, selon les cas, de tolérances qui mitigeaient et faisaient fléchir la rigueur des principes, et dont il importe de tenir grand compte, car elles placent cette question sous son vrai jour.

Je me suis expliqué là-dessus il y a déjà longtemps, et l'on me permettra de me citer moi-même ; on va voir que, M. Livet et moi, nous ne sommes pas aussi éloignés de nous entendre qu'il semble le croire.

Quoi qu'on en puisse dire aujourd'hui, la plupart des anciens rituels, se conformant en cela à l'opinion des Pères et de beaucoup de conciles, ont condamné la comédie et les spectacles. Le rituel de Paris de 1645 ordonne de rejeter les comédiens de la communion, et Jean de Gondi, premier archevêque de Paris en 1623, ajouta même à cette prescription celle de priver de la sépulture ecclésiastique les comédiens qui refuseraient de renoncer à leur profession infâme et indigne d'un chrétien (1), les sacrements ne devant leur être accordés, à l'article de la mort, que s'ils témoignaient leur repentir et promettaient, en cas de retour à la santé, de ne plus remonter sur le théâtre. Il y avait même, pour ces promesses, des formules toutes préparées, et l'on en trouve quelquefois d'annexées aux actes d'inhumation des comédiens (2).

Si Madeleine Béjart, un an avant le décès de Molière, reçut les secours spirituels ; si même, bien que morte sur Saint-Germain-l'Auxerrois, elle obtint cette faveur que ses restes seraient portés à l'église Saint-Paul, sur le territoire de laquelle elle était née, et

(1) *Dictionnaire des cas de conscience,* par de Lamet et Fromageau, docteurs en Sorbonne, t. I, col. 797 et suivantes, et *Dictionnaire des cas de conscience* de Pontas, t. I, p. 746.

(2) Voyez celle de Marcoureau de Brécourt, comédien du roi, mort le 29 mars 1685; p. 18 de la brochure de M. Herluison sur les actes d'état civil d'artistes et de comédiens.

ensuite inhumés sous les charniers de cette église, c'est qu'avant d'expirer elle s'était soumise aux ordonnances qui viennent d'être rappelées. Aussi la veuve de Molière, dans la requête qu'elle adresse à l'archevêque de Paris, pour en appeler du refus du curé de Saint-Eustache, ne manque-t-elle pas de faire valoir les marques de repentir que son mari a données de ses fautes, et l'impossibilité où il s'est trouvé de les manifester à un prêtre, par suite de la résistance que les deux premiers ecclésiastiques auxquels on s'adressa opposèrent à la requête du mourant et du temps que le troisième mit à venir, ce qui fit qu'il arriva trop tard.

Elle note en même temps avec soin les motifs allégués par le curé de Saint-Eustache à l'appui de son refus : le défunt est décédé sans avoir reçu le sacrement de confession, *dans un temps où il venait de représenter la comédie;* mais elle ajoute aussitôt « qu'il est mort dans les sentiments d'un bon chrétien, ainsi qu'il en a témoigné en présence de deux dames religieuses demeurant en la même maison, d'un gentilhomme nommé M. Couthon, entre les bras de qui il est mort, et de plusieurs autres personnes ; et que M. Bernard, prêtre habitué en l'église Saint-Germain, lui a administré les sacrements à Pasques dernier. »

Ce dernier fait semblera sans doute en contradiction avec les ordonnances et les défenses canoniques que je viens d'exposer. Mais il faut dire que certains confesseurs se relâchaient un peu de la rigueur des principes, en se fondant notamment sur la déclaration royale du 16 avril 1641, qui relevait les comédiens d'infamie, sous cette condition qu'il n'y eût rien dans les pièces par eux représentées qui blessât l'honnêteté publique. Ils s'appuyaient de plus, en ce qui concernait les acteurs de la troupe royale, sur la volonté du prince à laquelle ces comédiens étaient tenus d'obéir, et qui, dans une certaine mesure, les déchargeait de la responsabilité de leurs actions (1). Grande était, du reste, la latitude laissée au confesseur en ces matières : il était juge de la situation, du degré de contrition de son pénitent, et aussi de son ferme propos de rentrer dans les voies du salut.

L'abbé Bernard, ce prêtre de Saint-Germain-l'Auxerrois qui administrait les sacrements à Molière et qui paraît avoir été le confesseur de sa famille, appartenait à cette classe d'esprits tolérants ; il était de ceux qui admettaient des tempéraments aux prohibitions absolues du rituel.

Si le poète fût mort sur la paroisse de Saint-Germain-l'Auxerrois, où il avait longtemps habité et dont relevait son théâtre, situé rue de Valois, ses funé-

(1) Il faut dire que les deux motifs de tolérance que je résume ici sont combattus par plusieurs docteurs de Sorbonne dans le dictionnaire de Lamet et Fromageau, cité plus haut en note.

railles n'eussent pas rencontré les obstacles qu'apporta le curé de Saint-Eustache, dont il n'était le paroissien que depuis quelques mois. Comme le curé d'Auteuil, qui conduisit Armande aux pieds de Louis XIV, le curé de Saint-Germain connaissait le bon cœur et la charité de ce comédien, à qui un prêtre trop rigoriste refusait les prières de l'Église ; il l'avait vu maintes fois verser entre ses mains « les reliquats impartageables des chambrées », et même des sommes relativement assez fortes, prélevées au profit des pauvres sur les bénéfices du théâtre.

Mais, qu'on le remarque bien, cette demi-tolérance, fondée sur un édit royal et sur la volonté du prince, ne faisait point loi pour le clergé : il y avait là une question controversée qui relevait de l'appréciation du prêtre à qui les comédiens de la troupe du roi demandaient les sacrements. Question d'appréciation aussi, celle qui consistait à décider si les marques de repentir dont témoignait la veuve de Molière étaient suffisantes pour remplacer une rétractation formelle, telle qu'était celle que le rituel exigeait, et pour valoir à ses restes les honneurs d'une sépulture chrétienne.

Le curé de Saint-Eustache n'en jugea point ainsi. Je n'ai point à rechercher les motifs qui le déterminèrent, ni à examiner si ce fut l'auteur du *Festin de Pierre* et du *Tartuffe*, plus encore que le comédien, qu'il frappa de ses rigueurs ; il est certain qu'il se renferma dans l'étroite observance des règles que lui traçait le rituel de son diocèse, et que plusieurs de ses confrères interprétaient avec un esprit plus large. De là la nécessité de recourir au roi et à l'archevêque de Paris, Harlay de Champvalon, qui prescrivit une enquête sur la véracité des allégations de la veuve, et s'efforça de concilier les égards réclamés par les recommandations qu'il reçut vraisemblablement du monarque avec le respect qu'il devait, en sa qualité de supérieur ecclésiastique, aux principes sur lesquels son subordonné fondait son refus. Il ordonna donc au curé de Saint-Eustache de donner la sépulture ecclésiastique au corps de l'illustre défunt, dans le cimetière de sa paroisse; mais il mit en même temps la condition que ce serait « sans aucune pompe et avec deux prêtres seulement, et *hors des heures du jour;* qu'il ne se feroit aucun service solennel pour luy, ny dans la dicte paroisse Saint-Eustache, ny ailleurs, même dans aucune église des réguliers, et que *cette permission seroit sans préjudice aux règles du rituel* ».

Ces derniers mots suffiraient à eux seuls pour justifier l'exactitude des appréciations que je viens de présenter.

L'Église a toujours admis les pécheurs à venir à résipiscence, et l'on a vu que le clergé savait même, selon le cas et les circonstances, se départir de la rigueur des principes, mais ces principes étaient bien ceux que j'ai résumés, et les voici tels que Bossuet les a exposés:

« La décision en est précis dans les rituels, dit-il, la pratique en est constante : on prive des sacrements et à la vie et à la mort ceux qui jouent la comédie, s'ils ne renoncent à leur art ; on les passe à la sainte table comme des pécheurs publics ; on les exclut des ordres sacrés comme des personnes infâmes : par une suite infaillible, la sépulture ecclésiastique leur est déniée. » (*Maximes et réflexions sur la comédie*, § XI.)

Inutile de rien ajouter, si ce n'est que cette loi de l'Église était alors la loi de l'État. Trois ans après la mort de Molière, cette même loi fut appliquée au comédien Rosimond, quoiqu'il passât pour bon chrétien et eût composé des *Vies des Saints* fort édifiantes ; elle le fut plus tard à Adrienne Lecouvreur et, dans notre siècle, à M^lle^ Raucourt. Je me contente de ces exemples que j'emprunte à M. Louis Moland dans sa récente biographie de Molière, mais on en pourrait citer bien d'autres (1).

(1) On peut lire à ce sujet un article de M. Georges Monval dans le *Moliériste* d'avril 1885, article que j'ai le regret d'avoir connu trop tard pour l'opposer à M. Livet au cours de ma réplique.

# X

## Les autographes de Molière.

Aurions-nous enfin un autographe de Molière ? Jusqu'à présent on ne connaissait pas une ligne, une seule, qui pût avec certitude absolue, sans conteste possible, être attribuée à l'auteur du *Misanthrope*. La découverte qui vient d'être faite à Montpellier sera-t-elle plus heureuse que les précédentes ? Triomphera-t-elle du scepticisme des connaisseurs ? Je l'espère, sans oser l'affirmer encore.

C'est à M. de la Pijardière, archiviste du département de l'Hérault, connu dans le monde des lettres sous le pseudonyme de Louis Lacour, qu'en revient l'honneur. En 1873, M. de la Pijardière avait déjà rencontré, dans les papiers provenant des États du Languedoc, parmi ceux qui composent la comptabilité du trésorier de la Bourse, une pièce signée Molière et datée du 24 février 1656 ; c'est encore dans ces papiers, dont le nombre dépasse deux cent mille, qu'il a fait sa nouvelle trouvaille.

Ce document, dont un *fac-simile* a été publié dans le *Moliériste* de novembre 1885, est ainsi conçu :

J'ay receu de Monsieur de penautier la somme de quatre mille liures ordonnées aux comédiens par Messieurs des Estats faict a pezenas ce 17e décembre mil six cent cinquante.

MOLIERE.

Pour 4,000 l.

Voici maintenant l'autre document, découvert en 1873, et qui est aussi une quittance donnée au trésorier de la Bourse de Languedoc, fonctionnaire nommé à vie par les États :

J'ay receu de Monsieur le secq thresorier de la bource des Estats du languedoc la somme de six mille liures a nous accordez par messieurs du Bureau des comptes, de laquelle somme ie le quitte faict à Pézenas ce vingt quatriesme iour de feburier 1656.

MOLIERE.

Quittance de six mille liures.

L'écriture des deux documents offre des ressemblances frappantes : ils sont évidemment sortis de la même main, en sorte que, si l'authenticité de l'un des deux est suspectée, celle de l'autre doit l'être également.

Or, c'est ce qui est arrivé pour la quittance de 1656.

Dans la bibliographie qui termine le premier volume récemment publié de sa seconde édition des œuvres de Molière, M. Louis Moland parle en ces termes de cette quittance (p. 528) :

« L'opinion semble de plus en plus suspecter l'authenticité de cet autographe. Il serait temps qu'un rapport fût fait par quelques-uns de nos paléographes les plus compétents sur l'origine et les caractères de cette pièce. Il est important qu'elle soit définitivement jugée et classée. »

Écrites par un homme qui jouit d'une si légitime autorité en tout ce qui touche Molière, ces lignes sont graves. Je me joins au vœu qu'elles expriment ; mais comment y faire droit ? Les paléographes chargés de la tâche que M. Moland voudrait voir accomplir devraient évidemment commencer par comparer l'écriture du document suspect avec celle d'autres autographes de Molière dont l'authenticité serait unanimement reconnue.

Or, il n'y en a point de tels.

On connaît aujourd'hui nombre de signatures de Molière apposées au bas d'actes notariés ou d'actes de l'état civil (1) ; mais ces signatures, qui, du reste, diffèrent assez notablement entre elles, ne peuvent fournir que des points de comparaison insuffisants. Pour qu'on fût assuré de réussir dans une pareille tâche, il faudrait deux lignes au moins qui fussent

(1) On a signalé neuf baptistères où Molière figure comme parrain : c'était une faveur qu'il accordait volontiers aux actrices de sa troupe qui devenaient mères.

bien certainement de l'auteur du *Tartuffe*, et ces deux lignes, où les trouver ? Ses manuscrits, ses lettres, les milliers de billets qu'il a dû écrire, tout a disparu, et personne n'a jamais pu fournir une raison plausible de cette étrange disparition. Il est toujours de saison, ce sonnet de Coppée où se lisent ces vers :

. . . . . . . . . . . Si vous trouviez demain
Deux lignes seulement écrites de sa main,
Vous seriez honoré par quiconque sait lire !

Plus d'un lecteur va s'étonner et s'écrier : Un autographe de Molière ! Mais il en existe ; j'en connais.

Et moi aussi j'en connais :

Il en est jusqu'à trois que je pourrais citer.

Le premier consiste en trois lignes écrites sur une bande de parchemin collée au dos d'un tableau représentant une *Sainte Famille.* Molière y certifie que ce tableau lui a été donné par son ami Sébastien Bourdon, « peintre du roy et directeur de l'Académie de peinture ».

Sébastien Bourdon était recteur, mais non directeur de cette Académie. Le directeur était M. de Ratabon, surintendant des bâtiments du roi, le même qui joua un vilain tour à la troupe de Molière en jetant bas, sans façon, la salle du Petit-Bourbon, où elle avait débuté à Paris, ce qui l'obligea de chercher asile dans la salle du Palais-Royal.

De plus, le faussaire a placé un accent grave sur le premier *e* de la signature : Molière n'en mettait pas, non plus que ses contemporains. C'est seulement dans la troisième édition du Dictionnaire de l'Académie, publiée en 1740, qu'on voit apparaître un accent sur les mots terminés en *ière ;* encore est-ce d'abord un accent aigu ; le grave ne figure à cette époque que dans les mots qui finissent par *ère,* tels que *père, colère.*

N'insistons pas, et passons au second autographe.

Dans le catalogue de la bibliothèque dramatique de M. de Soleinne, rédigé en 1843 par Paul Lacroix, figure, sous le n° 1,147, un exemplaire d'*Andromède,* tragédie de Corneille, imprimée à Rouen en l'année 1651. Cet exemplaire, un moment possédé par Pont-de-Vesle, fut une des curiosités les plus attrayantes du *Musée Molière,* organisé en 1873, au Théâtre-Italien, à l'occasion du deuxième centenaire de la mort du grand poète : il appartenait alors à M^me^ de Maindreville. On y remarque les noms des acteurs écrits à la plume vis-à-vis des noms imprimés des personnages. Cette distribution est conforme à l'emploi de chacun des comédiens et comédiennes de la troupe de Molière, qui, lui-même, est inscrit comme remplissant un rôle dans la pièce. M. Paul Lacroix n'hésitait pas à lui en faire honneur et à voir son écriture dans les vingt-cinq noms d'acteurs tracés à la plume, soit au commencement, soit dans le cours de l'imprimé. Telle était aussi, s'il faut l'en croire, l'opinion de M. Charron, fondateur du cabinet d'autographes dirigé depuis successivement par MM. Laverdet, Gabriel et Eugène Charavay. « J'ai comparé, ajoutait-il, le nom du poète écrit deux fois sur l'exemplaire d'*Andromède* avec les signatures conservées à la Bibliothèque du roi. On dirait qu'une de ces signatures sur parchemin a passé sur le papier que l'humidité et l'usage ont un peu altéré. »

L'aimable bibliophile, le meilleur et le plus serviable des hommes, était prompt à s'illusionner et habile à communiquer ses illusions aux autres. Il ne serait pas mal de contrôler aujourd'hui son jugement et de soumettre la fameuse liste à une expertise sérieuse. Outre la signature conservée à la Bibliothèque nationale sur laquelle il s'appuyait, on aurait à cette heure, comme points de comparaison, les deux quittances de Montpellier mises au jour par M. de la Pijardière. J'ai consulté, au sujet de cette comparaison, M. Georges Monval, archiviste de la Comédie-Française, lequel, en 1875, avait organisé le *Musée Molière* pour M. Ballande, et sa réponse n'est pas de nature à faire bien augurer du rapprochement dont je viens de parler. « J'ai pu, m'écrit-il, examiner à loisir l'exemplaire d'*Andromède*, et j'ai parfaitement présente à la mémoire l'écriture des noms d'acteurs ajoutés en marge. Je dois dire que cette écriture ne ressemble guère à celle des deux autographes découverts à Montpellier. »

Voici enfin une troisième pièce qui, lorsqu'elle fut divulguée, ne rencontra pas moins de défenseurs que les deux précédentes, mais qui n'en paraît pas moins tout aussi sujette à caution. Son titre est un peu long, mais il importe de le citer en entier :

> Devis que Jean Pastel et André Mazières, jurés du roy en ouvraiges de maçonneries, fournissent, en suivant l'ordre du roy, au sieur Poquelin Moliere, des ouvraiges de maçonnerie a faire pour les fondations de la grande salle des comédies et balletz a machines que sa majesté désire faire construire en toute diligence dans la place qui reste a bastir du pallais des Thuilleries, depuis le corps de logis qu'occupe M. le comte d'Harcourt tenant vers la grande écurie.

Au bas de la page petit in-folio qui contient ce devis se lisent les lignes suivantes :

> Ce deuis me paroit bien entendu reste a scauoir dans quel temps on rendroit les ouvrages.
>
> J. B. P. MOLIERE.

Piganiol de la Force, dans sa *Description de la Ville de Paris*, a parlé de cette salle des machines dont l'Italien Vigarani donna le plan et conduisit l'exécution. « C'est une des plus vastes, dit-il, et certainement la plus ingénieusement et la plus richement décorée qu'il y ait en Europe. Elle a été construite par ordre du roi Louis XIV pour la représentation des ballets et des comédies, et peut contenir sept ou huit mille personnes. » Les fondations durent être commencées au printemps de l'année 1660, et telle serait la date de l'autographe.

Bien qu'à cette époque la troupe de Molière, qui n'était à Paris que depuis dix-huit mois, n'appartînt point au roi, mais à son frère, il n'est pas absolument invraisemblable que Louis XIV ait fait consulter le directeur des comédiens de Monsieur sur l'aménagement et même sur les dimensions qu'il convenait de donner à la salle projetée. Mais qu'il ait prescrit de lui soumettre un devis concernant exclusivement les fondations et les tranchées, à remplir « de bonne maçonnerie faite moitié de grands quartiers de pierre et moitié de bon moesllon dur de Vaugirard », voilà qui peut sembler plus étonnant.

L'autographe où est consigné ce fait étrange faisait partie d'une collection dépendant de la succession de M. Letellier et qui souleva bien des doutes quand elle fut mise en vente, tant à cause de l'exceptionnel état de conservation des pièces qui la composaient qu'eu égard à certaines invraisemblances qu'on crut y découvrir. M. Chambry, qui avait acquis celle-là en même temps que beaucoup d'autres, parmi lesquelles une lettre de Raphaël, la soumit à M. Gabriel Charavay, qui publia son opinion dans l'*Amateur d'auto-*

*graphes* du 1er janvier 1863. « Nous l'avons vue et revue plusieurs fois, dit-il, et nous sommes resté convaincu qu'elle est d'une authenticité incontestable, et que les deux lignes signées de Molière sont parfaitement de sa main. »

On se demande sur quelles preuves le savant expert pouvait asseoir un jugement si positif, puisque, à l'époque où ce jugement fut formulé, on ne connaissait de Molière que des signatures. Peut-être croyait-il plus que de raison à l'authenticité de l'inscription collée au dos de la peinture de Sébastien Bourdon, inscription dont M. Eudore Soulié n'avait point encore signalé les principales invraisemblances.

Il se pourrait bien, en effet, que ce soit uniquement d'après des signatures, combinées peut-être avec les données fournies par l'écriture de cette étrange inscription, que l'approbation mise au bas du devis de la salle des machines ait été fabriquée par quelque habile faussaire. Vrain Lucas usait de semblables procédés. La forme de certaines lettres, du *d* en particulier, se rapproche singulièrement de celle qu'elles ont dans la fausse inscription ; en revanche, elle s'éloigne notablement de la forme que présentent ces lettres dans les deux pièces de Montpellier. Le corps de l'écriture, les habitudes de main qu'il décèle, ne sont pas moins différents. Autant l'écriture des quittances de 1650 et 1656 est nette, hardie, élancée, autant celle du devis de 1660 est lourde et posée.

Il est vrai, et je l'ai dit en commençant, que la quittance de 1656 n'a point échappé à la défiance, désormais très éveillée, des connaisseurs ; mais cette suspicion perd beaucoup de force, à mon avis, depuis que sa congénère, écrite six ans auparavant, est venue prêter son appui à la première. Que peut-on désormais alléguer contre la sincérité de ces pièces, confondues et perdues au milieu de plus de deux cent mille autres provenant des États du Languedoc, et dont l'une forme l'annexe d'un compte régulier qui s'y réfère et a été trouvé en même temps qu'elle ?

Je n'aperçois, pour ma part, qu'une objection, mais elle ne manque pas de gravité.

Je la tire de la façon anormale dont ces quittances sont signées : Moliere, sans aucune addition. C'était le nom de théâtre de l'acteur, le seul, il est vrai, qui fût populaire ; mais comment les trésoriers des États, soit en 1650, soit en 1656, ont-ils pu s'en contenter dans des pièces qui engageaient leur responsabilité ?

Aucune autre pièce à moi connue n'est signée de la sorte. Le fondateur de l'*Illustre Théâtre*, dans les actes notariés qui constituent l'association dramatique, signe Jean-Baptiste Pocquelin ; plus tard il signera J.-B. Pocquelin, ou J.-B. Pocquelin Moliere, ou J.-B. Moliere. Un seul document authentique offre, sous le rapport de la signature, quelque analogie avec les deux reçus de Montpellier : c'est un engagement contracté, suivant acte notarié du 28 juin 1644, par le danseur Daniel Mallet envers les comédiens de l'*Illustre Théâtre*. Là, le directeur de la troupe a signé *de Moliere*. Mais ce *de* est de grande conséquence. Le fils du tapissier Pocquelin y tenait beaucoup ; il le prend dans divers actes notariés, notamment dans son contrat de mariage et dans la déclaration d'origine de deniers que fit à son profit le mathématicien Rohault par acte du 31 août 1668 ; La Grange le lui donne toujours, et Chapelle aussi dans les adresses de ses lettres à son ami. Le titre et les privilèges des éditions originales des pièces de ce dernier portent, il est vrai, tantôt *de Moliere*, tantôt Moliere seulement. Mais un acte authentique qu'il ait signé de cette dernière façon, je le répète, il est douteux qu'il en existe.

La signature anormale des deux pièces de 1650 et 1656 est d'autant plus étrange qu'on connaît un acte qui se place justement entre ces deux dates et qui est signé J.-B. Pocquelin. Cet acte, reçu par Thomazet, notaire à Lyon, le 19 février 1653, est le contrat de mariage de René Berthelot, dit Duparc, avec Marquise Thérèse de Gorla, si célèbre depuis sous le nom de Mlle *Duparc* : il a été publié par M. Brouchoud dans ses *Origines du théâtre de Lyon*.

Aurait-il donc existé à la fois deux Molière ? C'est là qu'il en faut venir si l'on tient à représenter les quittances découvertes aux archives de l'Hérault comme attribuées à tort au véritable. Et l'on y a pas manqué en effet. Il existait, a-t-on dit, nombre de Molière dans le bas Languedoc en 1656 ; deux ans avant cette date, qui est celle du reçu de six mille livres, il y en avait un à Pézenas. Un Charles de Molière, qui vivait encore en 1660, a dressé à Agde, en 1605, un inventaire des documents et papiers des archives de la maison commune de cette ville, et l'écriture de ce document est parfois étrangement semblable à celle du reçu fait à Pézenas (1).

Est-il bien nécessaire de réfuter de pareils arguments ? Parmi tous ces Molière, en trouve-t-on un seul qui fut acteur et directeur d'une troupe de comédiens ? Et quand même on le trouverait, n'a-t-on pas la preuve que celui qui fut appelé à Pézenas en 1656 était le vrai, le seul qui compte, l'auteur-acteur dont plusieurs farces et la grande comédie de l'*Étourdi* avaient déjà fondé la renommée et qui allait, à quelques mois de là, et cette fois devant les États assemblés à Béziers, donner la première représentation du *Dépit amoureux ?* N'a-t-on pas, entre autres

(1) Voir le *Moliériste* de juin 1885. L'auteur de l'article où ces arguments sont exposés est M. Auguste Baluffe, à qui l'on doit des recherches et des conjectures ingénieuses sur *Le Dépit amoureux* et sur nombre de questions relatives à Molière. Il ne paraît pas du reste leur accorder plus de foi que de raison, car il déclare qu'il croit le reçu de 1656 authenthique, « sans en être sûr. »

preuves, le témoignage de cet original, Charles d'Assoucy, qui, après avoir raconté, dans ses *Aventures*, la grasse hospitalité qu'il reçut à Lyon, en 1655, de Molière et des Béjart, ajoute : « *Étant commandés pour aller aux Estats, ils me menèrent avec eux à Pézenas?* » Quoi de plus positif (1)? Le reçu, daté de cette ville pendant la durée de ces États, n'exprime pas, il est vrai, que la somme fut allouée à des comédiens ni le genre de services qu'elle a pour but de rémunérer; mais celui qu'on vient de découvrir contient sur ce point une énonciation formelle, et, par ainsi, les deux documents se prêtent un mutuel appui.

Je crois donc pouvoir affirmer, malgré l'étrange anomalie que présentent leurs signatures, que ces deux pièces sont bien de Molière, et j'ajoute que la signature qui les termine offre des ressemblances, sous le rapport non de son contexte, mais de la cal-

(1) A ceux qui objecteraient que les représentations pour lesquelles la troupe de Molière fut appelée à Pézenas pourraient bien être restées en projet et n'avoir pas été données, on peut répondre aujourd'hui par un document que M. Georges Monval a publié dans le *Moliériste* d'avril 1881. C'est une délibération du conseil de ville de Narbonne datée du 26 février 1656, et qui commence ainsi :

« Sur ce que M. le premier consul a représenté que les comédiens de S. A. de Conty, *sortans de Pézenas de jouer pendant la tenue des Estats*, et s'en allant à Bourdeaus pour atendre Son Altesse, où elle doit aller à son retour de Paris, désireraient de passer quinze jours dans cette ville pour la satisfaction publique... »

ligraphie et de la forme des lettres, avec celles qui figurent au bas de plusieurs actes authentiques. Tout le monde peut s'en assurer. Des *fac-simile* du reçu de 1656 se trouvent dans l'*Iconographie moliéresque* de Paul Lacroix et dans le premier volume de la seconde édition du Molière Moland. Qu'on compare la signature qui, je l'ai déjà dit, se compose du seul mot *Moliere* (sans accent), avec celle de la pièce reproduite dans le catalogue des autographes composant le cabinet de M. Alfred Bovet, cette pièce précieuse que M. Alexandre Dumas a acquise pour l'offrir à la Comédie-Française. Les lettres M et L offrent des différences ; mais toutes les autres sont d'une similitude parfaite, et, après la dernière, on remarque ce petit trait incliné, placé entre deux points, que le poète comique a tracé à la fin de toutes ses signatures : ./.

Et cependant, car il faut tout dire, l'auteur de ce magnifique catalogue Bovet, M. Étienne Charavay, l'archiviste paléographe bien connu, à la page 244 (5e et 6e séries), où il décrit la pièce achetée par M. Alexandre Dumas, et qui est un cautionnement donné par Molière au fameux procureur Rollet, ajoute ces mots : « On ne connaît de lui que de simples signatures. »

Voilà un arrêt sommaire qui frappe indifféremment tous les prétendus autographes de l'auteur du *Misanthrope*, aussi bien ceux de Paris que le premier de ceux qui ont été découverts dans les archives de l'Hérault et que M. Étienne Charavay n'a pu manquer de connaître.

Reste à savoir sur quoi cet arrêt se fonde et si la récente découverte de M. de la Pijardière n'a pas modifié l'opinion de celui qui l'a formulé.

Si, malgré cette découverte, quelques doutes subsistent encore, on fera bien de se ranger à l'avis de M. Louis Moland, dont j'ai parlé au commencement de cet article. Pourquoi M. Georges Monval, à qui revient cet honneur, comme archiviste-bibliothécaire de la Comédie-Française et comme directeur du *Moliériste,* ne constituerait-il pas une commission dans laquelle entreraient, sur sa demande, des paléographes experts en pareille matière, tels que MM. Étienne et Eugène Charavay, par exemple ? Cette commission aurait à se procurer l'exemplaire d'*Andromède,* appuyé de la signature existant à la Bibliothèque nationale et invoquée par Paul Lacroix, puis le devis de la salle des machines et surtout les deux quittances de Montpellier. La lumière jaillirait sans doute de la comparaison, en même temps que de l'étude raisonnée de l'origine et des caractères de ces quatre pièces. Si leur réunion présentait quelques difficultés, l'habile écrivain qui dirige aujourd'hui la maison de Molière, et à qui l'on doit un si joli livre sur la vie de notre grand poète comique, se ferait, je n'en doute pas, un plaisir d'aider son archiviste à les aplanir. On pourrait même faire le public juge en dernier ressort de la question et de la solution donnée par les experts, en exposant dans le foyer du Théâtre-Français les quatre pièces controversées. Et, de la sorte, nous saurions enfin si notre pays possède quelques lignes qu'on doive en pleine confiance, sans contestation possible, attribuer à la main qui a écrit ces trois maîtresses œuvres, l'honneur éternel de l'esprit français : le *Misanthrope*, *Tartuffe* et les *Femmes savantes*.

---

Au sujet de l'étude qui précède, M. Étienne Charavay a adressé au *Temps*, qui l'a insérée dans son numéro du 12 janvier 1886, la lettre suivante :

Dans son article sur la découverte d'un autographe de Molière, M. Jules Loiseleur me met en cause avec une parfaite courtoisie. Il rappelle que, dans l'inventaire de la collection d'autographes de M. Alfred Bovet, j'ai déclaré qu'on ne connaissait de Molière que de simples signatures. Il en déduit que je me suis inscrit en faux contre la quittance découverte à Montpellier en 1873 par mon érudit confrère Louis Lacour de la Pijardière et contre les autres pièces qu'on a attribuées à la main de Molière. Je dois une réponse à M. Jules Loiseleur et une explication aux lecteurs du *Temps*. Voici l'une et l'autre :

1° J'ai examiné à Montpellier, en 1877, la quittance en question. Elle m'a paru, en tant que pièce, parfaitement authentique. Restait à savoir si elle émanait de notre Molière ou d'un homonyme. Pour vérifier l'écriture, tout moyen de contrôle me manquait. Les signatures connues de Molière diffèrent de celle de la quittance, et, d'ailleurs, la forme des lettres de ces signatures ressemble trop à celle de beaucoup d'écritures du XVII^e^ siècle pour que j'en puisse déduire une écriture certaine. Quant au point de vue historique, l'absence de renseignements précis sur l'identité du signataire dans le texte de la pièce et l'abondance de personnages du nom de Molière dans le Languedoc laissaient une grande place au doute. En l'état des choses, je ne pouvais considérer et déclarer comme un autographe indiscutable de Molière la quittance de Montpellier.

2° Je considère comme fausses les deux lignes qui auraient été apposées par Molière sur le devis ayant appartenu à M. Chambry. J'ai exprimé formellement mon opinion à cet égard dans le catalogue que j'ai dressé, en 1881, de la collection de cet amateur. Le document lui-même m'avait tout d'abord paru authentique ; mais, après un nouvel examen, il me semble également fabriqué. J'y reconnais l'encre jaunâtre et la main assez habile du faussaire qui a composé et écrit les lettres de Rabelais, de Bayard, d'Agnès Sorel, de Charles V, etc., du trop fameux cabinet Letellier. Quant aux annotations de l'*Andromède*, si Paul Lacroix, avec sa féconde imagination, n'a pas hésité à y reconnaître l'écriture de Molière, — ce sont ses propres expressions, — je me bornerai à déclarer que je ne suis pas assez habile pour reconnaître une écriture dont tout spécimen autre que des signatures est inconnu.

Ceci dit, on comprendra le sens véritable de ma note du catalogue Bovet. Mon affirmation s'appliquait aux seuls autographes indiscutables et indiscutés, et on ne pouvait alors en produire d'autres que les signatures des actes notariés.

La nouvelle et heureuse découverte de M. de la Pijardière rouvre le débat sur les autographes de Molière. Je reconnais aisément que la teneur de la quittance de 1650, mentionnant une somme accordée aux comédiens par les États de Languedoc, est un argument sérieux pour attribuer cette pièce et sa congénère à notre grand écrivain. Cependant, comme ce second autographe rencontrera certainement des sceptiques, comme le premier, j'adhère pleinement à l'expertise si justement proposée par M. Loiseleur. Il appartient à mon érudit ami Georges Monval de constituer une commission dont feraient naturellement partie des maîtres paléographes comme MM. Léopold Delisle, Henri Bordier et A. de Montaiglon, des écrivains ayant une autorité incontestée pour tout ce qui touche à Molière, comme MM. Jules Claretie et Louis Moland. Je pourrai fournir tout d'abord à cette commission deux des documents réclamés par M. Loiseleur, le devis de la collection Chambry, qui m'appartient, et l'exemplaire de l'*Andromède*, qui m'a été confié par son propriétaire actuel. Je proposerai ensuite qu'on fasse reproduire toutes les signatures de Molière conservées dans nos bibliothèques ou dans les études des notaires. C'est, à mon avis, l'unique moyen de comparer entre elles toutes ces signatures diverses et de constituer par cet examen des éléments d'appréciation de l'écriture des deux quittances de Montpellier.

L'idée d'exposer les pièces controversées est également excellente. Je ne doute pas que M. Léopold Delisle autorise cette exhibition dans une des salles de la Bibliothèque nationale. Pourquoi, d'ailleurs, ne profiterait-on pas de cette occasion pour rendre à Molière le même hommage qu'on a rendu, en 1884, au grand Corneille? Une exposition moliéresque aurait, je crois, un légitime succès. Je soumets humblement cette idée à mon illustre maître M. Léopold Delisle et à l'éminent administrateur de la maison de Molière.

Je tiens à remercier publiquement M. Jules Loiseleur d'avoir soulevé la question des autographes de Molière. Si, comme je l'espère, l'expertise projetée donne des résultats intéressants, le savant bibliothécaire d'Orléans acquerra de nouveaux droits à la reconnaissance de tous les admirateurs de Molière, c'est-à-dire de tous les lettrés.

Étienne CHARAVAY.

Le projet formulé par M. Loiseleur dans l'étude qui précède, et auquel M. Charavay a donné son assentiment, a reçu de suite un commencement d'exécution. Voici ce qu'on lit à ce sujet dans le numéro du *Temps* du 9 février 1886 :

Dans un récent article, notre éminent collaborateur, M. Loiseleur, bibliothécaire de la ville d'Orléans, a appelé l'attention des lettrés sur la question si controversée de l'écriture de Molière : il a montré, on s'en souvient, que des cinq autographes qu'on lui attribue, trois sont d'une authenticité plus que douteuse. Tout en se déclarant favorable aux deux derniers, qui sont des quittances découvertes à Montpellier, il a réclamé une enquête dont le public serait juge en dernier ressort, car ils seraient exposés au foyer du Théâtre-Français.

M. Étienne Charavay, l'expert en autographes bien connu, a déclaré, dans une lettre qu'il nous adressait le 12 janvier, se rallier aux deux propositions du très érudit bibliothécaire et proposé d'étendre l'examen aux vingt-cinq ou trente signatures de Molière apposées au bas d'actes de l'état civil ou notariés, et dont M. Loiseleur a fait ressortir les dissemblances. C'est pour remplir cette mission qu'une commission a été instituée par les soins de M. Georges Monval, archiviste du Théâtre-Français. Elle se compose, outre l'auteur du projet, de seize personnes : MM. Henri Bordier, Campardon, Étienne Charavay, Jules Claretie, Jules Cousin, Guiffrey, F. Hillemacher, Lalanne, Paul Mesnard, Moland, de Montaiglon, Monval, Nuitter, Pauly, Charles Read, Ed. Thierry.

La présidence de cette commission, qui compte plusieurs paléographes distingués, doit être offerte à M. Léopold Delisle, membre de l'Institut, arbitre souverain en matière de paléographie.

# XI

## L'énigme d'Alceste.

Proposition de créer un Musée-Molière.

---

Quelle est la pensée génératrice du *Misanthrope?* Quelle est au juste l'idée qui se personnifie dans l'homme aux rubans verts, ce frondeur bourru de tous les travers sociaux? M. Scherer, comme on a pu le voir dans l'étude qui ouvre cet opuscule, juge le caractère d'Alceste inconséquent, ambigu, insaisissable, inintelligible. L'on a prêté à M. Cousin une opinion très voisine de celle-là : « Molière, aurait-il écrit, n'a dit son secret à personne (1). »

(1) En réalité, le secret dont parle Cousin n'a point trait à l'idée génératrice de la pièce ni au caractère du *Misanthrope:* l'énigme porte uniquement sur la question de savoir si certains originaux ont posé devant le peintre, s'il en a concentré les traits dans son portrait, et quels ils sont. Le vrai texte de Cousin, notablement altéré par M. du Boulan dans l'épigraphe

C'est ce secret que M. Gérard du Boulan, pseudonyme d'un économiste distingué (M. Le Pelletier de Saint-Rémy), a essayé de percer dans un charmant volume édité par Quantin et qu'il a orné d'un portrait inédit de Molière attribué à Sébastien Bourdon. Lors de l'Exposition universelle de 1878, ce portrait, donné par Ingres au musée de Montauban, a figuré au palais du Trocadéro à côté de celui que M. Paul Lacroix attribue à Mignard, et que M. Lalauze a gravé pour l'ouvrage intitulé : *Les points obscurs de la vie de Molière.* Je reproduis ici presque en entier, puisqu'aussi bien il est toujours de saison, l'article publié par *le Temps* (n° du 20 juin 1879) où j'ai examiné et discuté l'*Énigme d'Alceste* de M. du Boulan, et j'appelle surtout l'attention sur l'idée qui le termine, le projet d'établir à Paris un Musée-Molière :

« M. Gérard du Boulan élimine d'abord toutes les interprétations données jusqu'ici à cette énigme. Alceste, selon lui, n'est point la copie d'un original que Mo-

de son livre, est celui-ci : « Molière n'a dit son secret à personne, et vraisemblablement il n'y a point ici de secret, excepté celui du génie. Le *Misanthrope* n'est la copie d'aucun original. » (Voir *Madame de Longueville*, 1853, ch. XI, p. 191, note 1.) C'est à peu près le contraire de ce que M. du Boulan lui fait dire. M. Paul Mesnard a déjà fait cette remarque dans sa notice sur le *Misanthrope*, au t. V, p. 380 de cette magnifique édition de Molière, publiée par la maison Hachette, et où il se montre le digne continuateur d'Eugène Despois.

lière aurait connu ; ce n'est point un portrait, pas plus celui du duc de Montausier que celui du poète lui-même. Ce n'est pas non plus un type, celui du *Misanthrope,* car, prise en elle-même, la misanthropie ne saurait devenir la donnée d'un personnage scénique : elle n'est point comme l'avarice, l'ambition, l'amour du jeu, une passion agissante et susceptible de former le pivot d'une intrigue dramatique. M. du Boulan n'accepte pas davantage l'explication fournie par celui qui écrit ces lignes, dans son livre sur la vie de Molière.

« On s'égare, avais-je dit, et l'on se place à un point de vue trop étroit quand on prétend préciser les modèles qui ont posé devant le grand peintre, alors qu'il dessinait les figures de ce vaste tableau. Le dernier mot du *Misanthrope,* c'est la tolérance sociale ; tous les caractères qui tendent à la démonstration sont bons pour l'auteur ; il n'y vise point tels ou tels personnages spécialement ; il sort du cercle étroit des ridicules et des vices de son siècle ; il peint le cœur humain de tous les temps. Alceste n'est pas plus Molière que le duc de Montausier ; Célimène n'est pas plus Armande Béjart que la duchesse de Longueville. Mais, avec tout cela, l'auteur est homme pourtant ; il subit, même à son insu, l'influence de son entourage et de son milieu ; il mêle, quoi qu'il en ait, son individualité à son œuvre. Cette œuvre, la pensée générale en est abstraite et impersonnelle sans doute ; mais les traits et les détails sont puisés dans la réalité la plus rapprochée et la plus intime. »

Cette façon éclectique d'interpréter la pensée de Molière ne sourit point à l'auteur de l'*Énigme d'Alceste*. « Si le dernier mot de la pièce, dit-il, était réellement la tolérance sociale, ce serait Philinte et non Alceste qui en serait le héros ; ce serait sur Philinte que l'auteur se serait efforcé de concentrer l'intérêt, car Philinte n'est-il pas l'homme tolérant par excellence ? Tolérant à ce point que sa personnalité est devenue, presque autant que celle de son ami, l'objet de gloses contradictoires ! Or, je le demande, qui s'est jamais passionné pour Philinte ? »

Nous reviendrons sur ce point : poursuivons, pour le moment, l'exposé de la donnée de M. du Boulan. Avant de nous révéler le mot de l'énigme cachée sous le *Misanthrope*, il juge à propos d'étudier l'état de la société, des idées et des mœurs à l'époque où cette grande œuvre fut conçue. Il nous peint à larges traits la perturbation profonde dans laquelle les longues luttes de la Fronde jetèrent les esprits, pendant cette période d'un quart de siècle qui va de l'invasion espagnole, en 1636, jusqu'à la paix des Pyrénées, en 1660. Tout devient intrigue, hypocrisie, mensonge ; tout est vénal : l'aristocratie, l'administration, la justice. Pendant que la peste, la guerre et la famine désolent le pays, la noblesse se préoccupe uniquement de son intérêt et de son plaisir : sa frivolité n'a d'égale que son immoralité. Brutalité cynique, ignorance épaisse, insatiable avidité, tel est le tableau que présentent les classes dirigeantes.

Dans cet effondrement général, les principes eux-mêmes fléchissent : la morale et la religion s'égarent et s'oblitèrent au milieu de toutes sortes de subtilités et de distinctions, et l'indulgente casuistique des jésuites vient en aide à la démoralisation publique.

Une réaction était inévitable : elle trouva son expression la plus prononcée, sa formule caractéristique, suprême, excessive même, dans le jansénisme, dont je n'ai point ici à apprécier l'étroitesse au point de vue purement doctrinal, mais dont l'austère morale fut un salutaire refuge pour les âmes honnêtes. Dans la magistrature, dans la noblesse, dans le clergé même, les hommes à principes sévères, les esprits sérieux, les âmes inflexibles cherchèrent une sorte de régénération sociale dans la pratique des vertus vraiment chrétiennes. Leur erreur fut de désespérer de l'humanité et de croire qu'il vaut mieux la fuir que de demeurer dans son sein pour la corriger. Le dernier mot du jansénisme fut l'isolement ; il fit profession de croire que, « dans un monde où triomphent les vices », il n'est pas d'autre refuge que le *désert* pour les cœurs droits, froissés par les injustices, les lâchetés, les honteuses transactions qui sont le cortège ordinaire de la vie sociale. De là Port-Royal et ses solitaires.

De là aussi Alceste, selon M. du Boulan, et tel est le mot de l'énigme : « Alceste est un symbolisme : c'est l'explosion de l'honnêteté publique indignée, se personnifiant dans un janséniste. »

Quant à Philinte,

> Qui prend tout doucement les hommes comme ils sont,

ce n'est ni un sceptique, comme beaucoup l'ont pensé, ni le type de l'égoïsme, comme le voulait Fabre d'Églantine, ni même le représentant du bon sens et de la raison vulgaire. Qu'est-ce donc alors ? Une sorte d'Escobar apparemment. Car si Alceste symbolise le jansénisme, il est naturel que l'homme qui lui fait contraste partage les opinions des adversaires de Port-Royal.

Le spirituel et subtil écrivain que j'analyse ne va pas jusque-là. Philinte n'est pas un jésuite ; mais c'est l'homme qui a plus ou moins frayé avec tous les partis et qui les a tous servis avec une certaine conscience : il était contre les princes à la première Fronde, avec eux à la seconde. Après avoir cherché Mazarin pour lui faire un mauvais parti, il vint lui offrir ses services pour négocier avec Condé : « C'est, en un mot, la résultante inévitable des oscillations d'une société ébranlée qui tend à reprendre son assiette ; c'est l'éternel : *Me voici !* de l'humanité politique. »

J'avoue que j'ai bien de la peine à suivre M. du

Boulan dans les voies assurément neuves où il cherche à introduire son lecteur, malgré toute son habileté, son érudition historique et tous les aperçus piquants qu'il sème sur sa route.

Alceste janséniste ! Mais Molière, vous le reconnaissez, s'est, en maints endroits et par plusieurs points, personnifié dans Alceste. Donc, ce qu'il eût fallu établir, c'est que Molière, comme Racine, eut le pied dans le camp janséniste ; et, ce point-là, M. du Boulan l'effleure à peine. Qu'allègue-t-il pour prouver les tendances jansénistes du *Misanthrope ?* Ce fait unique qu'Alceste parle, en divers endroits, d'aller se réfugier dans un désert, de chercher un lieu écarté

Où d'être homme d'honneur on ait la liberté.

Mais ce trait-là n'est pas exclusivement particulier aux jansénistes ; il est le signe distinctif de tous les esprits chagrins en lutte avec les lâchetés et les transactions mondaines, la marque propre de la misanthropie. Un misanthrope n'est pas nécessairement janséniste ; mais, dans tout vrai janséniste, il se trouve un peu du misanthrope.

Il n'y eut pas, c'est Sainte-Beuve qui nous l'affirme, de relation directe entre Molière et Port-Royal, entre le comédien excommunié et les rigoureux proscripteurs du théâtre : « Goujet, dans sa *Vie de Nicole*, traite comme il doit un sot conte qui faisait de Nicole et de ces Messieurs les correcteurs des comédies de

Molière. Ce dernier eut des amis parmi les jésuites. Si le Père Bourdaloue l'anathématisa, le Père Bouhours fit son épitaphe ; mais je ne vois pas qu'il ait connu de près aucun ami de Port-Royal, — hors le prince de Conti qui ne fut janséniste que depuis (depuis le *Tartuffe*), et Racine qui alors ne l'était guère (1). »

J'ajouterai pourtant à ces deux noms celui de François Loyseau, ce bon curé d'Auteuil qui conduisit la veuve du poète à Versailles, lorsqu'elle alla se jeter aux pieds de Louis XIV, afin d'obtenir pour les restes de son mari une sépulture chrétienne. Mais si François Loyseau penchait vers le jansénisme, c'était secrètement et seulement dans son for intérieur, puisqu'il voulut profiter de cette occasion qui le mettait en présence du roi pour se disculper, ce qui mécontenta le monarque et faillit faire échouer la démarche.

C'était un très fin courtisan que Molière, et qui maniait la flatterie avec une rare habileté. Il n'était pas homme à rompre en visière au roi ni à le blesser dans ses opinions religieuses, lui qui saisissait avec tant d'habileté toutes les occasions de caresser ses penchants et sa vanité. Or rien n'était mieux connu à la cour que la haine de Louis XIV pour le parti janséniste. Comme le duc d'Orléans, partant pour l'Espagne, lui désignait un officier qu'il désirait se voir donner pour aide de camp : « Mais il est jan-

(1) *Port-Royal*, t. III, p. 266, 267.

séniste! s'écria le roi. — Quelle calomnie, sire! lui, janséniste! il est plutôt athée. — Ah! c'est autre chose », repartit Louis XIV.

Et voilà pourquoi l'auteur de *Don Juan* a pu mettre au théâtre un athée, et même le parer de toutes les grâces et de toutes les séductions ; mais y mettre un janséniste! C'est bien le cas de dire avec Louis XIV : « C'est autre chose. »

Le tour d'esprit de Molière n'avait rien de commun avec celui de Port-Royal, de cette grande maison ennuyeuse et ennuyée. Il était si peu affilié à ses graves solitaires, il inclinait si peu vers leurs doctrines, qu'on a pu le soupçonner de tenir plutôt pour leurs adversaires et d'avoir écrit le *Tartuffe* à l'instigation de ces derniers. Un chercheur érudit, M. Louis Lacour, celui-là même qui a découvert le plus important et peut-être le seul authentique des autographes de Molière qu'on connaisse, a publié, en 1877, un petit livre intitulé : le *Tartuffe par ordre de Louis XIV*. Or, savez-vous quelle est la donnée de sa curieuse étude? Cette vigoureuse satire de l'hypocrisie, le *Tartuffe*, semble, dit l'auteur, avoir été commandée au poète, ou pour le moins avoir été acceptée avec empressement et comme une déclaration de guerre aux partisans de la nouvelle doctrine, traitée alors, dans le monde officiel et dans l'Église de « *dévotion* », et par suite d'hypocrisie.

Dans la langue conventionnelle de l'époque, le mot

*dévotion* sans qualificatif s'entendait exclusivement (cela résulte d'un passage de La Bruyère) de la fausse dévotion et était juste le contraire de la piété.

Ainsi, par une vile palinodie, contre laquelle proteste le caractère qu'on lui connaît, Molière se serait fait le complaisant et le détracteur des jésuites ; de la même main qui glorifiait le jansénisme dans Alceste, il l'aurait stigmatisé dans *Tartuffe*, et cela presque simultanément, car un très faible intervalle de temps sépare la conception du *Misanthrope* de celle du *Tartuffe*. Voilà l'étrange conséquence à laquelle on est conduit quand on se range à des explications systématiques aussi absolues que celles de MM. du Boulan et Louis Lacour. Et savez-vous quelle conclusion je tire de leur antagonisme ? C'est que ni l'un ni l'autre ne sont dans le vrai.

Il y a bien de la fantaisie, de l'imagination, du besoin de trouver du neuf à tout prix au fond de toutes ces prétendues découvertes qui ont la prétention de changer les opinions reçues, et ce n'est pas une médiocre prévention contre leur solidité qu'il ait fallu deux siècles pour les faire et qu'aucun contemporain n'ait songé à rien de pareil. Si Molière eût trempé dans le jansénisme, si seulement il eût franchement imprégné Alceste des idées de Port-Royal, croyez que l'œil éveillé de ses nombreux ennemis n'eût pas manqué de le voir. Et les courtisans donc, non moins perspicaces assurément, pensez-vous qu'ils n'eussent pas de suite éventé le mystère ? Car, si l'on excepte les *Fâcheux,* où Molière a peint plutôt des ridicules que des vices, le *Misanthrope* est la seule de ses pièces où il ait mis en scène des gens de cour : partout ailleurs il ne s'est attaqué qu'aux défauts et aux ridicules de la bourgeoisie.

J'y consens pourtant ; il y a en effet du janséniste dans Alceste, bien que (j'éprouve le besoin de le redire) ce soit plutôt le janséniste qui est misanthrope que le misanthrope qui est janséniste. Mais, loin de glorifier cet excès de rigorisme qui distingue son principal personnage et par lequel il se rattache à la nouvelle doctrine, c'est justement ce côté de son caractère que l'auteur comique livre au rire et teinte d'un léger ridicule. Taschereau, le consciencieux biographe du grand poète, ne s'y est pas trompé.

Après avoir exposé ce qu'est Alceste à ses yeux, un homme de bien, droit, honnête, mais poussant à l'extrême l'ardeur de la sincérité et le besoin de dire tout ce qu'il pense, portant aux méchants une haine vigoureuse, mais poursuivant d'une indignation trop chaleureuse certains défauts qui ne méritaient que sa pitié, le biographe ajoute que cette manière d'envisager son sujet fournissait encore au poète « l'occasion de reprendre, avec les ménagements qu'il mérite, un excès qu'on rencontrait alors chez quelques personnes, en bien petit nombre il est vrai, un amour outré de la vérité et une vertu trop rigoureuse ».

Alceste n'est point une énigme. Ce clair et lumineux génie de Molière n'a pas de ces profondeurs mystérieuses ni de ces secrets insondables. S'il y avait en effet dans Alceste une énigme que personne jusqu'à présent n'aurait pu expliquer, la pièce où il figure ne serait point un chef-d'œuvre acclamé par tant de générations ; car le premier devoir de toute idée dramatique est d'être claire et intelligible pour tous. Vous demandez le but que Molière s'est proposé en composant ce rôle ; le voici, et bien d'autres l'avaient dévoilé avant moi. C'est, sans compromettre le respect dû à la droiture et à la vertu, de démontrer que ces qualités ne valent que par la mesure ; qu'elles sont inutiles et même nuisibles quand cette mesure leur fait défaut, car l'excès gâte les meilleures choses.

Écoutez Chamfort sur ce point : le spirituel écrivain va répondre à l'objection que me fait M. du Boulan, quand il refuse d'admettre que la donnée philosophique du *Misanthrope* soit une grande leçon de tolérance sociale. Il va nous dire pourquoi, malgré que telle soit bien la pensée intime de l'œuvre, c'est Alceste et non Philinte qui en est le héros et à qui l'intérêt s'attache, en dépit du léger vernis de ridicule que l'auteur lui a donné :

« Si jamais auteur comique a fait voir comment il avait conçu le système de la société, c'est Molière dans le *Misanthrope*. C'est là que, montrant les abus qu'elle entraîne nécessairement, il enseigne à quel prix le sage doit acheter les avantages qu'elle procure ; que, dans un système d'union fondé sur l'indulgence mutuelle, une vertu parfaite est déplacée parmi les hommes et se tourmente elle-même sans les corriger : c'est un or qui a besoin d'alliage pour prendre de la consistance et servir aux divers usages de la société. Mais, en même temps, l'auteur montre, par la supériorité constante d'Alceste sur tous les autres personnages, que la vertu, malgré les ridicules où son austérité l'expose, éclipse tout ce qui l'environne ; et l'or qui a reçu l'alliage n'en reste pas moins le plus précieux des métaux. »

Molière a placé Philinte auprès d'Alceste pour représenter, à côté de la vertu intolérante, hérissée et trop rigoriste, le bon sens, la juste mesure et la science de la vie, comme il a posé Cléante en face de Tartuffe, pour revendiquer, devant la fausse dévotion, les droits de la vraie piété. Mais ni le bon sens ni la piété ne prêtent au comique, et cette raison explique suffisamment pourquoi Philinte et Cléante ne pouvaient être les héros des deux chefs-d'œuvre où ils figurent.

Je sais bien qu'on a noirci Philinte en poussant jusqu'à leurs extrêmes conséquences sa tolérance et son esprit de concession. Fabre d'Églantine a porté au théâtre la thèse déclamatoire de l'intolérant Rousseau, lequel a écrit de ce personnage que ses maximes ressemblent fort à celles des fripons. M. du Boulan est moins sévère ; mais il voit dans Philinte une sorte de caméléon politique, prêt à servir et à trahir tous les partis.

Eh bien ! voulez-vous savoir ce que pensait de ce caractère un homme qui se connaissait en versatilité politique, car il avait vu des caméléons de toutes les couleurs, un despote misanthrope qui faisait profession de mépriser les hommes, à ce point que, jeune encore et déjà tout-puissant, il songeait, comme Alceste, à fuir leur approche au fond d'un désert ? C'est de Napoléon Ier que j'entends parler. Pour misanthrope, il l'était assurément, car il écrivait à son frère Joseph, dans cette curieuse correspondance que la *Revue historique* a publiée : « Je suis ennuyé de la nature humaine ! J'ai besoin de solitude et d'isolement; les grandeurs m'ennuient, le sentiment est desséché. La gloire est fade. A vingt-neuf ans, j'ai tout épuisé ; il ne me reste plus qu'à devenir bien vraiment égoïste. »

Voici ce que cet homme, si peu indulgent pour la nature humaine et pour ses faiblesses, pensait de Philinte :

« Le véritable Philinte de Molière n'est pas sans doute, comme le misanthrope Alceste, un Don Quichotte de vertu et de philanthropie ; il ne se croit pas obligé de rompre en visière aux gens pour des vers bons ou mauvais ; il connaît assez les maladies incurables des hommes pour savoir que la franchise, placée mal à propos, peut souvent faire beaucoup de mal en irritant gratuitement les passions ; en un mot, c'est un homme raisonnable, honnête, de bonne compagnie, et incapable de la moindre action ou du moindred iscours qui blesserait la morale ou la délicatesse. Le Philinte de Fabre, au contraire, est un homme des plus méprisables, qui se montre ouvertement capable de commettre les actions les plus odieuses pour un vil intérêt, et qui était aussi peu digne d'être l'époux de celle qu'il aime que l'ami du misanthrope Alceste. »

Voilà qui répond aux détracteurs de Philinte aussi bien qu'aux abstracteurs de quintessence qui subtilisent sur Alceste. C'est une mode aujourd'hui de voir des énigmes là où il n'y en a point, de chercher des sens cachés et des symbolismes dans presque toutes les grandes créations littéraires. M. du Boulan en trouve dans Molière, qui ne connaissait même pas ce mot de symbolisme ; M. de la Pommeraye généralise la question : il en signale dans *Béatrix,* dans *Don Quichotte,* dans *Hamlet.* Molière, Dante, Cervantes, Shakespeare, s'ils revenaient à la vie, souriraient sans doute de ce rôle de sphinx qu'on leur attribue. Et c'est pourquoi je me permettrai de dire à l'auteur de l'*Énigme d'Alceste :* Votre livre a les qualités les plus sérieuses ; vous parlez de la Fronde en homme de sens et en historien ; vous peignez à traits larges et justes toute cette aurore troublée qui, pour les observateurs superficiels, disparaît comme noyée dans le midi radieux du grand siècle ; vous n'avez qu'un tort : c'est de vouloir être plus fin que Molière.

Mais je m'aperçois que j'ai mis le pied sur un domaine qui n'est pas le mien. Je m'arrête donc pour céder la parole à M. F. Sarcey qui a promis, après que j'aurais dit mon mot sur l'*Énigme d'Alceste* envisagée surtout au point de vue historique, de reprendre la question à un point de vue exclusivement littéraire : il ne manquera pas d'y ouvrir des perspectives neuves et intéressantes. Je m'incline d'avance devant sa haute compétence, et je profite de l'occasion pour lui soumettre une idée qui ferait, selon moi, son chemin dans l'esprit public si elle était lancée par une main autorisée.

Pourquoi la ville de Paris, qui professe un culte si ardent pour Molière, ne ferait-elle pas pour lui ce que Rouen a fait naguères pour Corneille ? En 1873, à propos du second centenaire de la mort du grand poète comique, M. Ballande organisa, au théâtre Italien, un musée de Molière. Toutes ses reliques y figuraient : tapisseries, fauteuils à son usage, ses portraits peints et gravés, si nombreux à cette heure, ses bustes, ses autographes plus ou moins authentiques, les actes civils qu'il a signés, et jusqu'à la poussière de ses ossements. Joignez à cela les éditions de ses œuvres, les innombrables études dont il a été l'objet, et voyez quelle splendide collection on créerait, si l'on rendait ce musée permanent et public. Tous les vrais moliéristes y apporteraient leur tribut ; il s'enrichirait et se compléterait avec le temps aux dépens des collections particulières, en vertu de ce don d'attraction que possèdent les établissements publics. Car les collections qui durent sans fin arrivent toujours à la longue à absorber les collections particulières, qui s'éparpillent au décès de leurs possesseurs. On installerait ce musée soit dans la maison de la rue Richelieu où mourut Molière, et que la ville de Paris achèterait à cet effet, soit, ce qui vaudrait mieux, dans les appartements du Palais-Royal. Dans ce dernier cas, on pourrait en confier la direction à l'administration de la Comédie-Française : ce musée deviendrait ainsi l'annexe du théâtre, de la vraie maison de Molière.

Voilà l'idée jetée au vent : que de plus habiles la fécondent.

# TABLE





IMP. GEORGES JACOB, — ORLÉANS.

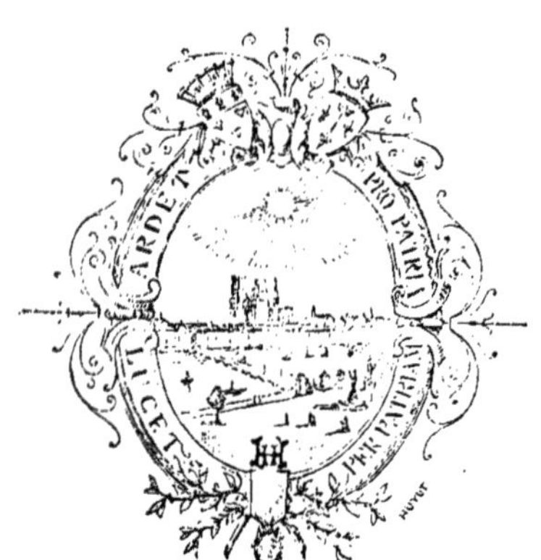
ARDET PRO PATRIA
LUCET PER PATRIAM

www.ingramcontent.com/pod-product-compliance
Ingram Content Group UK Ltd.
Pitfield, Milton Keynes, MK11 3LW, UK
UKHW020914180726
13838UKWH00002B/535